Inhalt

Herstellung und Verlag:
BoD – Books on Demand, Norderstedt
ISBN 978-3-8482-5197-1

1. Se tacuisses ....

Wer Zahl sagt, meint Wahrheit, Präzision, Exaktheit. Spätestens seit der Entstehung des kaufmännischen Denkens im späten Mittelalter ist die Zahl aus unserem Leben nicht mehr wegzudenken. Damals war es die doppelte Buchführung, später - im Rahmen der sich entwickelnden Kriegs- und Bautechnik - die Ballistik und die Statik, die die Beschäftigung mit Zahlen erforderlich machten. Daß die mehrstöckigen Mietshäuser im alten Rom ab und zu einstürzten, dürfte neben dem sog. „Pfusch am Bau" zum Zwecke der Profitmaximierung jedenfalls auch an den mangelhaften baustatischen Kenntnisse der antiken Architekten gelegen haben.

Das binäre System hat den Computer möglich gemacht hat, aber bereits Jahrhunderte zuvor haben Denker wie Gauss oder Fourier Formeln entwickelt, die erst durch die moderne Computertechnik richtig zur Anwendung kommen können. Maxwell hatte kein elektrisches Licht, aber ohne seine Gleichungen wäre die moderne Nachrichtenübertragung nicht möglich. Man könnte die Reihe der Beispiele erweitern, es fallen einem Stichwörter wie „Allgemeine- und spezielle Relativitätstheorie", „Mandelbrot-Menge", „fraktale Geometrie" ein – und natürlich der berühmte Gödelsche Satz: Nicht alle wahren Aussagen sind beweisbar.

2

Hier ist ein Ansatz für die Geisteswissenschaften, denn da Goedel seinen Beweis nicht ausdrücklich auf die Mathematik bezogen wissen wollte (*„Für metamathematische Betrachtungen ist es natürlich gleichgültig, welche Gegenstände man als Grundzeichen nimmt, /.../ Es läßt sich überhaupt jede epistemologische Antinomie zu einem derartigen Unentscheidbarkeitsbeweis verwenden.“*)[1], konnte er, vielleicht wider Willen, zum Vater des Dekonstruktivismus werden – auch wenn Nietzsche mit seiner Theorie von der Geschichtsfälschung möglicherweise einen größeren Anspruch auf diese Position hätte: *„Der echte Historiker muß die Kraft haben, das Allbekannte zum Niegehörten umzuprägen.“* [2]

Aber schon die altgriechischen Sophisten wußten: *„Nichts ist. Wenn aber etwas wäre, wäre es doch für den Menschen nicht erkennbar. Und wäre es erkennbar, dann wäre es jedenfalls nicht mitteilbar.“* [3]

---

[1] Goedel K: Über formal unentscheidbare Sätze der Principia Mathematica und verwandte Systeme. In: Monatshefte für Mathematik und Physik 38 (1931): 173-198. hier: 174 f.

[2] Nietzsche F: Unzeitgemäße Betrachtungen. München 1984, S.115

[3] Hirschberger J: Geschichte der Philosophie Bd. I, Freiburg, o. J., S. 55

Mit anderen Worten: Die Wahrheit liegt immer unter der Oberfläche und ist so ziemlich das genaue Gegenteil dessen, was sie zu sein scheint. Darauf beruhen alle Verschwörungstheorien, ob es nun die Illuminaten sind, die „Weisen von Zion", der 11. September, die Flutwellen in Südostasien – oder eben Dantes Commedia und die Vita Nuova als Geheimcode der Templer. [4]

Carl Sagan berichtet eine schöne Geschichte von einem unsichtbaren Drachen in einer Garage, der in der Luft schwebt, keine Wärme abstrahlt und körperlos ist, so daß man ihn mit keinem physikalischen Test nachweisen kann.[5] Würde man trotzdem an seine Existenz glauben? Doch wohl nur, wenn verschiedenen Untersucher *unabhängig* voneinander sie bestätigten, wenn also ein wichtiges Kriterium jeglicher Wissenschaft vorhanden wäre: Objektivität.

Die Zahl ist heute, im Zeitalter der Naturwissenschaft, objektiv. In der mittelalterlichen Bibelauslegung war das natürlich anders, es kann dort prinzipiell jede Zahl in „diesen „Anschauungskreis und diesen Prozeß der „Heiligung"

---

[4] John RL: Dante. Wien 1946, passim

[5] Sagan C: Der Drache in meiner Garage. München 2000, S. 212

hineingezogen werden..."[6] Aber damals stand eindeutig die Theologie im Vordergrund, und Autoritäten wie Augustinus traten bei Konflikten zwischen der Offenbarung und der Erfahrung/Naturwissenschaft ganz klar für den Primat der ersteren ein: *„Wenn Philosophen etwas lehren sollten, was unserer Heiligen Schrift /.../ widerspricht, dürfen wir ohne jeden Zweifel annehmen, daß es völlig falsch ist, und wir werden schon Mittel finden, dies zu beweisen."*[7]

Wer sich heute hingegen als Geisteswissenschafler auf Gebiete vorwagt, die irgendwas mit Zahlen zu tun haben, sollte zumindest in den Grundrechenarten absolut trittsicher sein. Von der höheren Mathematik hingegen, wie sie etwa die Relativitätstheorie verlangt, sollte er ganz die Finger lassen. Daß beide Forderungen nicht immer hinreichend beachtet werden, haben Allan Sokal und Manfred Hardt bewiesen. Sokal hatte in einer renommierten sozialwissenschaftlichen Fachzeitschrift eine nicht ernst gemeinte Abhandlung („Sokals's Hoax") veröffentlicht, in der er behauptete, physikalische Realität sei ein soziales und sprachliches Konstrukt („das Pi Euklids und das G Newtons /.../ werden heute in ihrer unabwendbaren Historizität gesehen") und war

---

[6] Cassirer E: Philosophie der symbolischen Formen. Teil 2: Das Mythische Denken. Darmstadt 1977, S. 176

[7] Crombie AC: Von Augustinus bis Galilei. Köln 1965, S. 57

gefeiert worden.[8] Hardt hatte ein ernst gemeintes Buch[9] über die Zahl in der „Göttlichen Komödie" veröffentlicht und sich einen Fehler bei der Subtraktion erlaubt: Auf Seite 73 seines Buches behauptet er, Dante habe im 19. Gesang des Paradiso das Wort „segno", das im 37. und im 101. Vers dieses Gesanges auftaucht, absichtlich so plaziert, damit die Differenz zwischen den „segnos" und der Mitte des Gesanges, die bei Vers 74 (=2x37) liegt, jeweils 37 Verse betrage. Aber 101-74 ergibt eben nicht 37 sondern 27.

Im Grunde kein Problem – wenn Hardt hätte beweisen können, daß Dante genau denselben Fehler gemacht hat. So jedoch ist es ein Beweis dafür, daß die Methode falsch ist.

Zum Glück scheint das Gros der Danteforscher sich an die oben erwähnten Forderungen zu halten, denn von den mittlerweile in Metern gemessenen Forschungsliteratur (siehe z.B. die deutsche Dante-Bibliographie von T. Ostermann, die bis zum Jahr 1927 bereits 4062 Titel enthält, eine Zahl, die sich angesichts der nicht linear sondern exponentiell zunehmenden Veröffentlichungen mittlerweile verdoppelt haben könnte) zur Divina Commedia beschäftigt sich nur ein Bruchteil mit den

---

[8] Sokal A, Bricmont J: Eleganter Unsinn. Wie die Denker der Postmoderne die Wissenschaft mißbrauchen. München 1999, S. 275 und passim

[9] Hardt M: Die Zahl in der Divina Commedia. Frankfurt 1973

darin vorkommenden Zahlen. Man kann diesen Anteil in zwei Gruppen einteilen:

1. Solche, die sich an die im Mittelalter allgemein anerkannten Regeln der Zahlenauslegung halten
2. Solche, die gewagte bis extrem gewagte Theorie aufstellen. Gewagt deshalb, weil für die Anwendung dieser Methoden weder bei Dante noch bei den zeitgenössischen Autoritäten Beweise vorliegen.

Als dritte Gruppe könnte man schließlich noch diejenigen Resultate hinzufügen, die durch Rechenfehler zustande kommen.

Ein Beispiel dafür wurde bereits genannt. Weitere findet man in dem Dante-Buch von Robert John: Er versucht nachzuweisen, daß Dante die Personen der Commedia in Gruppen zu je 13 anordnete (wobei die Einteilung dieser Gruppen vollkommen willkürlich zu sein scheint, jedenfalls folgt sie keiner erkennbaren Regel, aber das ist ein anderes Thema, auf das hier nicht eingegangen werden kann), da die Zahl 13 beim Templerorden, dem Dante laut John ja angehörte, eine besondere Rolle spielte. Im 21. Gesang werden die Namen von 12 Teufeln genannt, die John durch hinzufügen des Sammelnamens „Malebranche" (Inf. 21, 37) auf 13 „aufstockt". Man fragt sich natürlich, warum ein Familienname eine Person sein soll. Schlauer wäre es zweifellos gewesen, den namenlosen Sünder aus 21, 35 (carcava un peccator con ambo l'anche) zur Nummer 13 zu machen, den der Autor möglicherweise übersehen hat (in der Tabelle auf S. 156 des Buches kommt er zumindest nicht vor). So jedoch ergeben sich plötzlich 14 Personen.

Die Insassen der Gräben 5, 6 und 7 (22. bis 25. Gesang), also Betrüger, Heuchler und Diebe, bilden angeblich ebenfalls eine Dreizehnergruppe. Aber eigentlich sind es auch hier 14, weil man ja den Schwiegersohn des Kaiphas mitzählen muß (23, 121: E a tal modo il socero si stenta). Auch er taucht in der Tabelle nicht auf. [10]

Warum die Anzahl der Schwestern der Deidamia in Purgatorio 22, 114 zwei betragen soll, geht aus Dantes Text nicht hervor, denn er nennt keine Zahlen: *„e con le suore sue Deidamia"*. Man kann eher davon ausgehen, daß die durchschnittliche Kinderzahl in der Antike größer als drei war. Wie dem auch sei: Die Zahl zwei ist auch hier notwendig, um eine Gruppe von 13 Personen zu bilden. [11]

Schließlich ist die Anzahl der griechischen Autoren, die sich im Nobile Castello (Inf. 4) befinden, größer als neun. Nach Johns Theorie dürfen es nur neun sein[12], damit sie zusammen

---

[10] John (loc. cit. 4)156

[11] ebd. 158

[12] ebd. 157

mit den vier in Purgatorio 22 genannten vier griechischen Dichtern die Summe 13 ergeben. Ich zähle in Inf. 4 Homer (4, 88), Aristoteles (nicht namentlich genannt, sondern beschrieben als *'l maestro di color che sanno* (4, 131)), Sokrates und Platon (4, 134), Demokrit (4, 136), Anaxagoras und Tales (4, 137), Empedokles, Heraklit und Zenon (4, 138), Euklid und Ptolemäus (4, 142), Hippokrates und Galen (4, 143). Selbst wenn wir Sokrates abziehen, da er ja nichts Schriftliches hinterlassen hat und somit im strengen Sinne nicht als Autor gelten kann, bleiben immer noch 13.

Vielleicht meinte John auch nur bestimmte Autoren (z.B. nur Dichter oder nur Wissenschaftler) – aber davon schreibt er leider nichts, denn im Text heißt es ausdrücklich „neun griechische Autoren dieses Schlosses."[13]

Zum Schluß noch ein Beispiel aus dem Buch von Manfred Hardt: Auf S. 90 findet man eine Tabelle mit den Längen (Verszahlen) der einzelnen Gesänge der Commedia. Ihre Summe ergibt 14233, wie man es im übrigen ja auch in jeder beliebigen Ausgabe nachzählen kann. Auf S. 167 hingegen behauptet Hardt, die Commedia bestünde aus 14235 Versen, so daß der 7118. Vers der mittlere sei, womit der Dichter an exponierter Stelle auf seinen Namen hinweisen wollte, denn 118 sei der gematrische Wert (zum Prinzip der „Gematrie"

---

[13] ebd. 157

s.u.) des Namens „Dante Alighieri".[14] Wo die Mitte des Gedichtes liegt, ist aufgrund der unterschiedlichen Länge der einzelnen Gesänge natürlich eine Frage der Definition und es gibt mindestens drei Möglichkeiten, diese Mitte zu definieren:

1. Man teilt die Gesamtzahl der Verse durch zwei. Da 14233 eine ungerade Zahl ist, erhält man den 7117. Vers als den mittleren, das ist Purg. 17, 125.

2. Man ermittelt den letzten Vers des 50. bzw. den ersten Vers des 51. Gesanges, wobei man sich zuvor entscheiden muß, ob man die Einleitung, also Inferno 1, mitzählen will oder nicht: Falls ja, liegt die Mitte am Ende von Purgatorio 16, andernfalls einen Gesang weiter, also am Ende von Purgatorio 17. Auf keinen Fall jedoch liegt sie bei Vers 7118.

Genug davon! Es sollte nur dazu dienen zu zeigen, wie man es nicht machen sollte. Man sollte die induktive Methode bevorzugen, also Daten sammeln und versuchen, sie in einen Zusammenhang zu bringen und so eine Hypothese zu bilden. Hardt und John haben es umgekehrt gemacht: Sie hatten eine Theorie und versuchten, ihre Daten in diesen Rahmen zu zwingen. Man muß dabei keine Absicht unterstellen, denn es muß den Autoren ja klar gewesen sein, daß es genügend Leute geben würde, die ihre Berechnungen nachprüfen werden und

---

[14] Hardt (loc. cit. 9) 167f.

das auch getan haben.[15] Wenn man deduktiv vorgeht besteht aber immer die Gefahr, daß man die Argumente, die gegen die Theorie sprechen, quasi ausblendet. Das scheint hier der Fall gewesen zu sein.

---

[15] z.B. Hart TE: The Cristo-Rhymes, the Greek Cross, and Cruciform Geometry in Dante's Commedia: „giunture di quadranti in tondo". In: ZRPh 106 (1990): 106-134, hier: S.112; Loos E: Zur Zahlenkomposition und Zahlensymbolik in Dantes Commedia. In: RF 86 (1974): 437-44, hier: S. 441. Es soll nicht unerwähnt bleiben, daß Hardt seinen Fehler bereits sechs Jahre nach Erscheinen von Loos' Rezension korrigierte (Hardt M: Zahlen in mittelalterlichen Texten. In: Sprachkunst 11 (1980): 71-86, hier: S. 73)

2.   Theoretische Grundlagen

Bevor wie uns den Beispielen der Gruppen 1 und 2 zuwenden, sollten wir zunächst feststellen, welches die Methoden waren, nach denen im Mittelalter Zahlenexegese betrieben wurde.

Die Zahl ist der Weg, auf dem „das Sinnliche sich erst zum Intellektuellen formt", sagt Ernst Cassirer, weil nur die Reduktion auf das Abstraktum Zahl es ermöglicht, eine „Gesetzlichkeit zwischen den Erscheinungen herzustellen." [16]

Diese Erkenntnis ist alt. Wenn man Aristoteles glauben darf, waren im Abendland die Pythagoreer die ersten, die sich mit der Mathematik beschäftigten und die Auffassung vertraten, daß in ihren Prinzipien „die Prinzipien der Dinge gelegen seien." [17]

Das scheint Gemeingut gewesen zu sein, denn andere Vorsokratiker stimmten offensichtlich mit ihnen überein: *„Denn nichts von den Dingen wäre irgendwem klar /.../ wenn die Zahl nicht wäre und ihr Wesen. So aber bringt sie alle Dinge mit der Sinneswahrnehmung in Einklang ... "* [18]

---

[16] Cassierer (loc. cit. 6) 173

[17] Aristoteles: Metaphysik. Stuttgart 1993, 985b

[18] Diels H: Die Fragmente der Vorsokratiker Bd.1, Hildesheim 1989, S. 411

Auch oder eben gerade ein durch und durch nüchterner Denker wie Platon, der immerhin die Dichtung aus seinem Idealstaat verbannt wissen wollte[19] (es sei denn, man möchte dieses Buch als Parodie auffassen), macht bei seiner – im übrigen etwas konfusen - Theorie über die Entstehung der „Weltseele" recht präzise Zahlenangaben:

> *„Zuerst entnahm er einen Teil dem Ganzen, dann das Doppelte desselben, als dritten das Anderthalbmalige des zweiten, aber Dreifache des ersten, als vierten das Doppelte des zweiten, als fünften das Dreifache des dritten, als sechsten das Achtfache des ersten, als siebenten das Siebenundzwanzigfache des ersten;/.../ Das Zahlenverhältnis des von diesem Abstande zurückgebliebenen Teils aber verhielt sich wie zweihundertsechsundfünfzig zu zweihundertdreiundvierzig,..."*[20]

Interessant ist, daß Platon der erste gewesen zu sein scheint, der einen Zusammenhang zwischen Zahlen und Buchstaben hergestellt hat. Denn der Schöpfer der Weltseele spaltet das bisher Geschaffene zweifach der Länge nach und fügt die Teile in Gestalt eines Chi (X) aneinander (36b). Andererseits liegt das im Griechischen, das ebenso wie das Hebräische bekanntlich keine Zahlzeichen kennt sondern für ihre

---

[19] z.B. Staat 378e, 595a

[20] Platon: Timaios. In: Sämtliche Werke Bd. 5. Hamburg 1959, 35b ff

13

Darstellung Buchstaben benutzt, natürlich irgendwie in der Natur der Sache. Wie dem auch sei: Wichtig ist jedenfalls, daß sich durch diesen Zusammenhang zwischen Buchstaben und Ziffern/Zahlen die Deutungsmöglichkeit der sog. „Gematrie" ergibt.

2.1   Gematrie

Das Wort ist wohl eine Verstümmelung des griechischen „Geometria", womit die Zahlenkunde gemeint war.[21] Jedem Buchstaben wird also eine Zahl zugeordnet, wobei allerdings dem n-ten Buchstaben nicht die n-te Zahl der natürlichen Zahlenreihe entspricht. Letzteres ist nur im modernen lateinischen Alphabet (also nach Einführung der arabischen Ziffern) der Fall, so daß also gilt: a=1, b=2, ..., z=26. Im hebräischen und griechischen Alphabet hingegen hat das „z" (zajn/zeta) dem Wert 7 (für weiteres Details siehe Anhang 1)

Im griechischen Alphabet haben die Anfangsbuchstaben des Namen „Jesus": I (jota) und H (eta) die Werte 10 und 8, was als Summe 18 ergibt. Wegen der Ähnlichkeit des griechischen T (=300) und des lateinischen X (=10) mit einem Kreuz gelten die Zahlen 300 und 10 als Symbole des Kreuzes.

---

[21]   Menninger K: Zahlwort und Ziffer Bd. II. Göttingen 1979, S. 71f.

Das wahrscheinlich bekannteste Beispiel für Gematrie ist die „Zahl des Tieres" aus der Offenbarung 13, 18: *Wer Verstand hat, der überlege die Zahl des Tieres; denn es ist eines Menschen Zahl, und seine Zahl ist 666.*

Natürlich gibt es nicht unendlich viele, aber sehr viele Deutungsmöglichkeiten, denn man muß die Buchstaben ja nur so anordnen, daß die Summe stimmt und die Wörter einen Sinn ergeben. Einige Beispiele:[22]

300+5+10+300+1+50	1+50+300+5+40+70+200
T E I T A N	A N T E M O Σ
	(contrarius)

1+100+50+70+400+40+50

A P N O Y M E (negator)

3+5+50+200+8+100+10+20+70+200

Γ E N Σ N R I K O Σ (gentium seductor)

---

[22] Meyer H, Suntrup R: Lexikon der mittelalterlichen Zahlenbedeutungen. München 1987, S. 844

Nach dem hebräischen Alphabet könnte sich ergeben:[23]

nrun qrs = Neron Käsar, also Kaiser Nero

nun	res	waw	nun	qof	samek	res
50	200	6	50	100	60	200 = 666

Hier ergibt sich gleich eine Schwierigkeit, denn da das hebräische Alphabet keine Vokale besitzt, muß man für diese Laute Konsonanten und deren Zahlenwerte verwenden. Es scheint folgende Zuordnung üblich zu sein: a=alef, e=ain, i=jod, u=waw, o=?. Für das „o" hingegen scheint es keine Entsprechung zu geben, weshalb wohl in obigem Beispiel das „u" verwendet wurde. Wir werden dieser Schwierigkeit bei der Deutung der DVX-Prophezeiung wieder begegnen.

Wollte Dante seinen Vor- und Nachnamen mit Hilfe der Gematrie als Zahlen darstellen, hätte er folgende Möglichkeiten gehabt, wobei man berücksichtigen muß, daß Dantes Alphabet[24] nicht 26, sondern nur 24 Buchstaben besaß (nämlich kein „j" und kein „w"):

---

[23] Menninger (loc. cit. 21) S.73

[24] Hardt M: I numeri e le scritture crittografiche nella DC. In: Boyde P, Russo V (a cura di): Dante e la scienza. Ravenna 1993, S. 71-90, hier: S 74

D	A	N	T	E		A	L	I	G	H	I	E	R	I

$4 + 1 + 13 + 19 + 5 = 42$ $1 + 11 + 9 + 7 + 8 + 9 + 5 + 17 + 9$
$= 76$ (lat. Alphabet)

4   1   50   300   5 $= 360$ 1   30   10   3   60   10   5   100   10
$= 229$ (griech. Alphabet)

4   1   50   400   70 $= 525$ 1   30   10   3   5   10   70   200   10
$= 339$ (hebr. Alphabet)

Man sieht, daß sich, abhängig vom Alphabet, ganz verschiedene Werte ergeben. Daß Dante Griechisch und Hebräisch konnte, ist eher unwahrscheinlich, zumindest ist mir kein Autor bekannt, der es behauptet (und auch beweisen kann). Andererseits hätte er, um diese Technik anwenden zu können, ja lediglich eine entsprechende Tabelle haben müssen.[25] Wenn Dante aber das lateinische Alphabet verwendete, würde der „gematrische Wert" seines Namens tatsächlich 118 betragen. Viel wichtiger sind aber zwei andere Punkte:

---

[25] dieser Meinung ist auch Moore E: The DXV prophecy. In: Moore E: Studies in Dante, 3rd series. Oxford 1968: 253-83, hier: S. 267

17

1. Der Name „Dante Alighieri" ist nicht nur in dieser Schreibweise überliefert. Es existieren darüber hinaus auch mindestens noch die folgenden Varianten: Aldighieri, Aldigherii, Allaghieri, Allagheri, Alagheri (z.B. am Beginn von „Questio de aqua et terra") – mit ganz unterschiedlichen gematrischen Werten.

2. Zu Dantes Zeiten hatte sich das arabische Ziffernsystem gegenüber den römischen Zahlen noch nicht allgemein durchgesetzt. Welches System Dante verwendete ist überhaupt nicht klar.

2.2 Mittelalterliche Zahlenexegese

Im Mittelpunkt der mittelalterlichen „Zahlenspielereien" steht natürlich die Bibelauslegung, ausgehend von Weish. 11, 20: „Omnia in mensura et numero et pondere disposuisti."

Man darf sich das wohl so vorstellen, daß die teilweise phantastischen Geschichten der Bibel (z.B. Altersangaben von weit über 100 Jahren wie das Lebensalter Adams in Gen. 5, 5) auch die schriftgläubigsten Theologen dazu zwangen, einen anderen Sinn als den wörtlichen annehmen zu müssen. Da kam ihnen jener Satz natürlich gelegen und es begann die Auslegung nach dem drei- oder vierfachen Schriftsinn.

Bereits Augustinus war sich darüber im klaren, daß die Kenntnis der Zahlen und der Naturwissenschaften Voraussetzung für das Verständnis der Schrift ist:

> *Numerorum etiam imperitia multa facit non intelligi translate ac mystice posita in scripturis. Rerum autem ignorantia facit obscuras figurata locutiones, cum ignoramus vel animantium vel lapidum vel herbarum naturas aliorumve rerum, quae plerumque in scripturis similitudinis alicuis gratia ponuntur.[26]*

Alle wichtigen Theologen der Spätantike und des Mittelalters haben sich mehr oder weniger mit der Zahlenauslegung beschäftigt, wie folgende, sicher unvollständige Liste zeigt.

Origenes (185-254)	Alkuin (730-804)
Ambrosius (340-397)	Hrabanus Maurus (780-856)
Hieronimus (348-420)	Hincmar v. Reims (806-882)
Augustinus (354-430)	Rupert v. Deutz (1070-1130)
Cassiodor (490-580)	Honorius Augustodunensis (1080-1137)
Gregor d. Gr. (540-604)	Hugo v. St. Viktor (1096-1141)
Isidor (570-636)	Richard v. St. Viktor (?-1173)
Beda (672-735)	Bernhard v. Clairvaux (1090-1153)

---

[26] Augustinus: De doctrina christiana, zit. n. Meyer/Suntrup (loc. cit 22): IX

19

Da diese Leute natürlich keine streng systematischen Denker im heutigen Sinne waren, wird man das Buch mit dem Titel „De numero", in dem der jeweilige Autor seine Überlegungen zur Zahlenbedeutung niederlegte, in den meisten Fällen vergeblich suchen. Augustinus z.B. hat seine Gedanken zu diesem Thema mindestens über die Werke „De ordine", „De musica", „De libero arbitrio" und „De vera religione" verstreut.[27] Einigermaßen einheitlich scheint die Bedeutung biblischer Zahlen nur von Hugo v. St. Viktor („De numeris sacrae scripturae novem modis significantibus")[28] und Isidor (De numeris)[29] behandelt worden zu sein.[30]

Die Erklärung der Zahlen folgt keiner eindeutigen Regel, im Prinzip ist alles erlaubt, zumal es ja in der Frühzeit der Methode auch noch keine Autoritäten gab, auf die man sich berufen konnte/mußte. Die „scholastische Methode" war noch nicht erfunden und die „Klassiker" des Genres besaßen

---

[27] Hardt (loc. cit. 9) 17

[28] ebd., 33

[29] Curtius ER: Europäische Literatur und lateinisches Mittelalter. Tübingen 1993, S.493

[30] außerdem noch von einigen unbekannteren Autoren wie Odo v. Morimond, Theobald v. Langres, Wilhelm v. Auberive (Meyer H: Die Zahlenallegorese im Mittelalter. München 1975, S. 47-53)

immerhin genügend Selbstvertrauen, Eigenes zu schaffen. *„Nach einem Prinzip der Auswahl, nach dem Grunde, dem die einzelnen Zahlen ihren besonderen Charakter der „Heiligkeit" verdanken, läßt sich /.../ nicht weiter fragen."* [31]

Augustinus z.B. denkt in „De Genesi ad litteram" darüber nach, warum Gott für die Schöpfung sechs Tage gebraucht hat, obwohl er es doch selbstverständlich auch in einem hätte schaffen können. Die Antwort: Weil die sechs, da sie gleich der Summe ihrer Divisoren ist, eine perfekte Zahl ist, *wollte* Gott sechs Tage brauchen. Und nun muß er einige Mühe aufwenden, um zu begründen, warum Gott sich nach einer Zahl richtete...[32]

„Das Senkblei der Vernunft" – um noch einmal Ernst Cassirer zu zitieren[33] – reicht also nicht wirklich in die Tiefe Mysteriums dessen, was in die Sphäre der Zahl eintritt.

Trotzdem scheinen sich einige Regeln herauskristallisiert zu haben, die besonders häufig angewendet wurden – womit nicht gesagt sein soll, daß es nicht auch andere, sozusagen „Außenseitermethoden" gegeben hat. Im Prinzip ist, wie gesagt, alles möglich. Der seriöse Wissenschaftler wird sich

---

[31] Cassierer (loc. cit 6) 174

[32] Meyer/Suntrup (loc. cit 22) 445f.

[33] Cassierer (loc. cit 6) 176

aber an das halten, wofür er zeitgenössische Belege finden kann. Je häufiger sie sind, desto sicherer kann er davon ausgehen, daß die Anwendung der entsprechenden Methode üblich war und auch von wissenschaftlich interessierten Laien wie z.b. Dante gekannt worden sein kann. Wenn es hingegen für eine bestimmte Methode, wie z.B. den Zahlenchiasmus oder die Bildung von Quersummen, wenig oder keine Belege aus zeitgenössischen Texten gibt, spricht das zwar nicht unbedingt dagegen, daß Dante diese Methoden trotzdem angewendet hat, es macht es aber höchst unwahrscheinlich.

Wie erwähnt war Hugo v. St. Viktor einer der wenigen, die die Regeln zur Ermittlung der Bedeutung einer Zahl katalogartig zusammenstellten. Diese neun Regeln, zu finden in „De numeris sacrae scripturae novem modis significantibus"[34], decken sich im wesentlichen mit denen, die MEYER/SUNTRUP anhand der Auswertung zahlreicher mittelalterlicher Quellen aufstellten. Wichtig ist, daß zu diesen Regeln weder der Zahlenchiasmus noch die Bildung der Quersumme zu gehören scheinen. Auch in der Liste, die Hardt auf S. 33f. seines Buches abdruckt, werden diese Methoden nicht genannt – was ihn aber nicht daran hindert, auf den restlichen 300 Seiten des Buches reichlich Gebrauch von ihnen zu machen.

---

[34] zit. n. Hardt (loc. cit. 9) 33

Die allgemein üblichen Methoden der Zahlenauslegung scheinen also die folgenden gewesen zu sein:[35]

1. Nach der Analogie von Zahl und Gezähltem: Z. B. können die 4 Ecken eines Gebäudes als Sinnbilder der 4 Weltteile oder 4 Evangelien aufgefaßt werden.

2. Nach der Zusammensetzung durch Summanden und Faktoren: Die Zahl 14 setzt sich zusammen aus der Zahl 10 (= 10 Gebote) und den 4 Evangelien, was gedeutet werden kann als Symbol von Gesetz (Gebote(Altes Testament) und Gnade (Evangelien/Neues Testament).

3. Nach der Verwandtschaft aufgrund der Zusammensetzung (selten): 12 und 7 sind verwandt, weil sie als Summe / Produkt aus denselben Zahlen hervorgehen: 7 = 3+4   12 = 3x4, was gedeutet werden kann als 12 Apostel, die erfüllt sind von den 7 Gaben des hl. Geistes: sapientia, intellectus, consilium, fortitudo, scientia, pietas, timor (nach Jes 11, 1-3).

4. Nach der Gattung der Zahlen aufgrund der Zusammensetzung (selten): man unterscheidet teilbare von

---

[35] Meyer/Suntrup (loc. cit. 22) xv-xxiii

unteilbare und gerade von ungeraden Zahlen: 7 (unteilbar): das unveränderliche (weil unteilbare) göttliche Leben; $8=2^3$: Wandel und Unbeständigkeit des irdischen Lebens, da die acht als Potenz dargestellt werden kann.

5. Nach der einer Zahl entsprechenden geometr. Figur: 10 = Linie, Länge; 100 = Länge x Breite = Fläche 1000 = LxBxH = Kubus

6. Nach der Summe der Divisoren: Vollkommene Zahlen sind gleich der Summe ihrer Divisoren 6 = 1+2+3   28 = 1+2+4+7+14. Das ist natürlich nicht wirklich konsequent, denn bekanntlich ist jede Zahl mindestens durch 1 und durch sich selbst teilbar. Wer also die 1 zu den Divisoren zählt, müßte auch die betreffende Zahl selbst zu den Divisoren zählen – aber dann gäbe es gar keine perfekten Zahlen.

7. Nach der Summe einer Zahlenreihe: die arithmetische Reihe von 17 = 1+2+3+4+5+...+17   ergibt 153;   153 ist die Zahl der Fische aus Joh. 21, 11. 17 wiederum setzt sich zusammen aus der Zahl des Gesetzes (10 Gebote) und der der Gnade (7 Gaben des hl. Geistes), so daß die 153 Fische gedeutet werden als „numerus electorum/sanctorum".

8. Nach dem Ort in der Zahlenreihe oder im Dezimalsystem: gemeint ist der Ort der Zahl zwischen, über oder unter anderen Zahlen. Im neg. Sinne kann die 2 gedeutet werden als Abweichung von der 1 (1= Unitas, Gott, das Gute); die 11 als Überschreitung der 10 Gebote; die 9 als Unterschreitung der 10.

Im positiven Sinne bedeutet 7 die Ruhe nach 6 Werktagen oder 6 Weltaltern; die 8 ist die Zahl der Auferstehung am Tag nach dem Sabbat.

Zu dieser Methode gehört auch die Potenzierung der 1: 10^2, 10^3 usw., wobei die 1 und ihre Vielfachen stets im positiven Sinne gedeutet werden.

9. Nach den Proportionen: Der Begriff der Proportion ist im Mittelalter der Musik zugeordnet. Allerdings wird Musik nicht im heutigen Sinne aufgefaßt, sondern „sie handelt allgemein von Proportionen" und ist im Vergleich zur Arithmetik und Geometrie für die Bibelauslegung nahezu bedeutungslos, da die in der Bibel gegebenen Zahlenverhältnisse nicht als Proportionen, sondern im Hinblick auf die einzelnen Zahlen gedeutet wurden.[36]

10. Nach dem Verständnis als Synekdoche: 7 und 10 gelten als Synonyme für eine sehr große Menge

---

[36] Meyer H: Die Zahlenallegorese im Mittelalter. München 1975, S. 68, 70

11. Nach den Ziffern und Fingerzeichen: hierher gehört das Prinzip der Gematrie (s.o.). Der Name „Dante Alighieri" könnte also den Wert 118 haben, der Name „Beatrice" hätte im lateinischen Alphabet den Wert 61.

Hierhin gehören auch die Fingerzeichen: die 100 z.B. wird dargestellt als Kreis, der mit Daumen und Index der rechten Hand gebildet wird. Es ist die erste Zahl, die mit der rechten Hand dargestellt wird. Der Kreis ist das Symbol der Unendlichkeit, weshalb die 100 auch als Symbol für das ewige Leben gelten kann.

12. Nach weiteren Eigenschaften: Das ist natürlich in gewisser Weise ein „Gummiparagraph" mit dem man alles irgendwie deuten kann. Hierhin gehören z.B. Chiasmen. Sie sind im MA nicht bezeugt, da das arabischen Ziffernsystem noch nicht allgemein verbreitet war und gelten eher als Erfindungen der dt. Germanistik bei der Auslegung von z.B. dem Heliand oder anderer mittelhochdeutscher.[37] Es entbehrt übrigens nicht einer gewissen Ironie, daß auch Manfred Hardt zu jenen gehörte, die auf diese „sehr problematischen Untersuchungen" hinwiesen, deren „willkürliche und

---

[37] Meyer/Suntrup (loc. cit. 22) xxii

hypothetische Kombinationen sich bei näherer Prüfung als nicht stichhaltig erwiesen." [38]

Auch nicht bezeugt ist die Bildung von Quersummen, wobei nicht unerwähnt bleiben soll, daß es hier neben M. Hardt auch andere Autoren gibt, die davon ausgehen, daß es sich um eine Methode „perfectly legitimate and obligatory in mediaeval numerology" handelt.[39]

Da sich alle Zahlen letztlich aus lediglich 10 Ziffern zusammensetzen, lassen sich auch alle entweder als Summen oder Produkte dieser Ziffern darstellen. Wenn man die Bedeutung der 10 Ziffern (eigentlich nur neun, denn die Null hat keine Bedeutung) kennt, kann man alle anderen Zahlen deuten. Die gängigsten Deutungen der Ziffern 1 bis 10 sind: [40]

1: die 1 ist das Symbol des Ursprung, der Einheit, Gottes, des Guten, der Tugenden, der Kirche, der Schrift, des ewigen Lebens.

---

[38] Hardt M: Zahlen in mittelalterlichen Texten. In: Sprachkunst 11 (1980): 71-86, hier: S. 71

[39] Logan JL: The Poet's central numbers. In: MLN 86 (1971): 95-98, hier: S. 98

[40] Meyer/Suntrup (loc. cit. 22) passim; Sauer J: Symbolik des Kirchengebäudes und seiner Ausstattung in der Auffassung des Mittelalters. Freiburg 1924, S. 61-87

10, 100, 1000, ... sind als Vielfache der 1 gleichbedeutend mit der 1, außerdem als Synekdoche gleichbedeutend mit „viel", „eine große Zahl".

Unterschreiten der 1 bedeutet stets Unvollkommenheit, Überschreiten kann im pos. oder neg. Sinne gedeutet werden, siehe 2, 7, 8, 11.

2: Abweichung von der 1 im negativen Sinne, was z.B. daraus hervorgeht, daß in der Bibel in der Beschreibung des 2. Tages der Schöpfung der Satz fehlt: „Und Gott sah, daß es gut war." Die 2 ist auch die Zahl der Gegensätze: AT-NT, Gott-Mensch, Kleriker-Laien, Leib-Seele, Zeit-Ewigkeit, Gesetz-Gnade, Zeit vor u. nach Christus, und damit Symbol des Irdischen und Vergänglichen.

3: ist natürlich die Zahl der Trinität, neben der 8 auch die Zahl der Auferstehung am 3. Tage, Jona verbrachte 3 Tage im Bauch das Fisches, was als Vorausdeutung der Auferstehung gedeutet werden kann. Es gibt 3 Reiche: Himmel-Erde-Unterwelt, 3 Titel Christi: Mensch, Gott, Rex/Sacerdos, die 3 Geschenke der Magier bedeuten die Huldigung vor den drei Titeln;

3 ist die Zahl der bekannten Kontinente, es gibt 3 Lebensalter, den 3fachen Schriftsinn, 3 Seelenkräfte: cor, anima, virtus, 3 theologische Tugenden: Glaube, Liebe, Hoffnung.

4: ist das Zeichen der Welt, des Menschen und der Schöpfung: 4 Jahreszeiten, 4 Himmelsrichtungen, die 4 Buchstaben des

Namens Adam sind die Anfangsbuchstaben der griechischen Bezeichnungen der Himmelsrichtungen, 4 Lebensalter, 4 Evangelien, 4 Elemente, 4 Qualitäten (warm, kalt, trocken, feucht), 4-Säfte-Lehre der antiken Medizin, 4 Paradiesströme (Gen 2, 10ff), 4facher Schriftsinn: wörtlich, allegorisch, moralisch, anagogisch, 4fache Einteilung der Schrift: Gesetze, Psalmen, Propheten, Evangelien; 4 Kreuzesarme, 4 Buchstaben INRI, 4 ist die Zahl der weltlichen Tugenden: prudentia, iustitia, temperantia, fortitudo; 4 Eigenschaften Christi: deus, homo, rex, sacerdos.

5: als Zahl der Sinne des Menschen ebenfalls Zahl des Menschen und damit Zeichen der Unvollkommenheit, da unter der 6=numerus perfectus; 5 Weltalter gibt es vor Christus (Adam-Noah, Noah-Abraham, Abraham-David, David-Babylon. Gefangenschaft, Gefangenschaft-Christus), 5 Wunden Christi, 5 Stunden sind die Arbeiter im Weinberg, 5 Bücher Mose, 5 Gattungen der Lebewesen (Mensch, Vierfüßler, Fische, Reptilien, Vögel).

6: numerus perfectus, da gleich der Summe der Divisoren: 1+2+3=6; deshalb dauerte die Erschaffung der Welt 6 Tage, der Mensch selbst wurde am 6. Tage erschaffen, Christus am 6. Tage zur 6. Stunde gekreuzigt, 6 gute Werke des Menschen nach Mt. 25, 35f., das 6. Zeitalter beginnt mit Christus, somit gilt die 6 als Zahl der Schöpfung und Erlösung.

7: bedeutet die Ruhe Gottes am 7. Tage, 7 sind die Gaben des hl. Geistes (Jes. 11, 2f), damit ist die 7 die Zahl der Fülle und Vollendung. Als Zahl des Menschen tritt sie auf in den 7 Bitten im Vaterunser, den 7 Weltreichen: Ägypter, Israeliten, Babylonier, Perser, Griechen, Römer, Antichristen, den 7 Tugenden: prudentia, sapientia, scientia, fortitudo, iustitia, temperantia, intelligentia, den 7 Hauptsünden: avaritia, superbia, invidia, ira, tristitia/acedia, luxuria, gula. Es gibt 7 freie Künste. Als Summe aus 3 und 4: 3 Seelenkräfte + 4 Elemente. Da die 7 nicht durch ganze Zahlen teilbar ist, ist sie Zeichen der Endgültigkeit. Als Pars pro toto bedeutet sie „viel". Bereits bei Pythagoras[41] galt die 7 als perfekte Zahl.

8: Zeichen der Auferstehung am Tag nach dem Sabbat, weshalb die mittelalterlichen Taufbecken im allgemeinen 8eckig sind. Darauf werden auch die 8 Personen gedeutet, die in der Arche die Sintflut überlebten. Als 3. Potenz der 2 ist die 8 völlig teilbar und Symbol der Vergänglichkeit. Bei den Pythagoreern ist sie neben der 7 ein Numerus perfectus.[42]

9: ist eine verhängnisvolle Zahl, die die Zahl der Höllenstrafen angibt (Mat. 25, 41; Mat. 8, 12; Job 24, 19; Jes. 66, 24; Offb.

---

[41] Cicero: De Re Publica 6, 12

[42] ebd.

30

20, 10; Offb. 20, 12 [43]; Job 20, 25; Mat. 24, 30) sowie den Tod Christi in der 9. Stunde. Die 9 unter der 10 ist Symbol der Unvollkommenheit, des Krieges. Θ als 9. Buchstabe des griech. Alphabetes ist der Anfangsbuchstabe von Θάνατος. Im positiven Sinne wird die 9 gedeutet als Zahl der Engelchöre.

10: das Symbol der Vollkommenheit, die sich aus 7 (der Zahl des Menschen) und der göttlichen Trinität zusammensetzt. Der Denar, der den Arbeitern im Weinberg gezahlt wird (Mt. 20, 1ff), ist Symbol des ewigen Lebens. Die lateinische 10 (X) ist Zeichen des Kreuzes, der gematrische Wert des gr. Jota ist der Anfangsbuchstabe von „Jesus". Als Pars pro toto schließlich wird 10 im Sinne von "viel" gedeutet.

Abschließend sei noch einmal darauf hingewiesen, daß es hier um Zahlenexegese geht, die mit Zahlenkomposition im Grunde nichts zu tun hat, *"da es im einen Fall um Auslegung von Worten der Schrift /.../ geht, im andern Fall aber um den Entwurf poetischer Strukturen."* [44]

---

[43] Sauer gibt in der Fußnote auf S. 80/81 zweimal Offb. 20, 12 an, einmal als „confusio peccatorum", dann als „varietas flagellorum". Ich finde in Luthers Bibelübersetzung beides nicht.

[44] Hellgardt E: Zum Problem symbolbestimmter und formalästhetischer Zahlenkomposition in mittelalterlicher Literatur. München 1973, S. 281

3.   Dante und die Zahlen

In welchem Maße im Mittelalter Gebrauch vom Prinzip der Zahlenkomposition gemacht wurde, ist also durchaus unklar. Curtius gibt zwar zahlreiche Beispiele[45] anhand derer er zeigen will, daß der mittelalterliche Autor durch die Anwendung der Zahlenkomposition *„ein formales Gerüst für den Aufbau, aber auch eine symbolische Vertiefung"*[46] erreiche. Andererseits

> *„kann ein solcher Nachweis nie und nimmer indirekt durch einfühlende Interpretation /.../ geführt werden, sondern durch den Beleg direkter, äußerer Zeugnisse zur Sache. Solche Zeugnisse sind aber bis heute nicht bekannt geworden. Daß man im Mittelalter mit hochentwickelten literarischen Zahlenkompositionen zu rechnen habe, dies ist eine reine Hypothese ... Vergebens sucht man in den mittelalterlichen Poetiken nach einschlägigen Anweisungen."*[47]

Gehen wir aber trotz dieser widersprüchlichen Aussagen ruhig davon aus, daß auch Dante sich dieses Prinzips bediente. Die Frage ist jetzt, in welchem Maße er das tat und ob er über die allgemein anerkannten Methoden (wenn es sie gab) hinausging. Daß Dante als Angehöriger der städtischen Oberschicht die maximalen Bildungsmöglichkeiten seiner Zeit besaß, ist klar. Der Chronist Villani lobt ausdrücklich sein Wissen.[48] Über die

---

[45] Curtius (loc. cit. 29) 491-98
[46] ebd. 498
[47] Hellgardt (loc. cit. 44) 280
[48] Davidsohn R: Geschichte von Florenz. Bd. 4, 3. Osnabrück 1969, S. 48

Einzelheiten der Ausbildung gehen die Ansichten aber bereits ziemlich auseinander, zumal Dantes Bibliothek leider nicht erhalten ist: Für Aischa Hell war Dante ein Autodidakt ohne geregelte Schulbildung, dessen klassische Bildung große Lücken aufwies und der weniger wußte als ein Klosterschüler – andererseits aber doch deutlich mehr als ein Einser-Abiturient eines humanistischen Gymnasiums, der ohne Kommentar unfähig sei, die mythologischen Anspielungen der Commedia zu verstehen. Die Wissenschaft sei ihm „zeitlebens Herzensangelegenheit"[49] gewesen. Werner Ross hingegen berichtet über eine gründliche Schul- und Universitätsbildung in Florenz und Paris.[50] Das „Convivio" habe Dante als Enzyklopädie des Wissens seiner Zeit konzipiert[51], daneben sei er auch ein genialer Physiker und Kosmograph gewesen.[52] Ein Universalgenie also?

---

[49] Hell A: Odysseus bei Dante. In: Dt. Dante-Jahrbuch 38 (1960): 94-111, hier: S. 95, 101

[50] Ross W: Der Held in der Hölle. Ein Versuch über den Odysseus-Gesang des Inferno. In: Dt. Dante-Jahrbuch 64 (1989): 61-74, hier: S. 68

[51] Stillers R: Trecento. In: Kapp V (Hg): Italienische Literaturgeschichte, 2. Aufl., Stuttgart 1994, S. 30-87, hier: S. 36

[52] Strunz F: Geschichte der Naturwissenschaften im Mittelalter. Hildesheim 1972, S. 102

Wie dem auch sei: Zumindest auf dem Gebiet der antiken Mythologie scheint Dante einigermaßen trittsicher gewesen zu sein. Ist aber von einem Mann, dessen Denken als zutiefst konservativ, um nicht zu sagen: rückwärtsgewandt bezeichnet werden muß - denn die in „De Monarchia" geäußerte Staatstheorie war selbst zu Dantes Lebzeiten nicht mehr aktuell – zu erwarten, daß er bei der Zahlenkomposition völlig neue Wege gehen und Techniken anwenden würde (z.B. Zahlenchiasmus oder Quersummenbildung), die bei den Autoritäten der Methode entweder gar nicht oder höchst selten bezeugt sind?

Nun haben Zahlen eher mit Naturwissenschaft als mit Mythologie und Politik zu tun. Aber auch wenn wir uns die naturwissenschaftlichen Schriften des „genialen Physikers" anschauen, finden wir nichts, was über das hinausgeht, was damals communis opinio war: „...führt Dante keine Überlegungen an, die sich nicht schon bei früheren Autoren finden./.../ entwickelt keine grundsätzlich neuen Ansätze."[53]

Wenn es sich darum handelt, bestimmte Stichwörter in einem Abstand zueinander anzuordnen, der oft mehrere 100 oder 1000 Verse beträgt, sind nur Kenntnisse der Addition bzw.

---

[53] Perler D: Einleitung zu: Dante: Philosophische Werke Bd. 2: Abhandlung über das Wasser und die Erde.
Hamburg 1994, lxii, lxviii

Subtraktion erforderlich. Die Frage ist, ob Dante die Commedia wirklich quasi mit dem Rechenschieber oder besser: mit dem Abakus[54] konstruierte, so daß er also „stets von vorgeplanten und im voraus abgemessenen Textteilen ausging"[55] und „had to have the plan of that design in mind from the first canto to the last."[56] Wenn das so war, hätte er sich dann aber bei der um ein Zentrum symmetrischen Anordnung von Stichworten Abweichungen von zwei Versen erlaubt, wie selbst Hardt zugibt:

Par. 12, 73

12, 1	72	72	12, 145
11, 107	106	106	13, 33
11, 102	111	111	13, 38
11, 72	141	141	13, 68
11, 31	182	184	13, 111

Cristo-reim in Par. 12, 73: „arithmetisch nicht ganz exakte Mitte"[57]

---

[54] Hardt (loc. cit. 9) 326

[55] ebd.

[56] Singleton CS: The Poet's number at the center. In: MLN 80 (1965): 1-10, hier: S. 9

[57] Hardt (loc. cit. 9) 60

Eine andere Frage ist, ob die symmetrisch angeordneten Verse wirklich eine zwingende Beziehung zueinander besitzen, die von jedem unabhängigen Untersucher nachvollzogen werden könnte. Das scheint mir bei obigem Beispiel[58] mehr als fraglich, zumal im Paradiso ja alles irgendwie mit Gott, Heiligen und Kirche zu tun hat, so daß sich eigentlich immer Zusammenhänge ergeben.

Erst recht gilt daß, wenn es um kompliziertere Probleme der Trigonometrie wie etwa die Quadratur des Kreises oder um Näherungswerte für die Zahl Pi geht. Soll man wirklich glauben, daß Dante in der Commedia auf solche Probleme anspielen wollte, wie Thomas E. Hart (s.u.) meint? Hinzu kommt folgendes: Wenn Dante Zahlen nicht als Worte schreibt, verwendet er stets lateinische Zahlen, keine arabischen. Sollte er also wirklich arabische Ziffern benutzt haben, um mit Hilfe der Gematrie Namen zu verschlüsseln?

Eine Untersuchung der Aussagen in Dantes Werk, die sich auf die Mathematik beziehen, kommt jedenfalls zu folgenden Schlüssen:

---

[58] Details in Hardt (loc. cit. 9) 53-61

tutti i cenni matematici di Dante /.../ si trovano anche in Aristotele a Dante ben noto e questo potrebbe far supporre che /.../ la fonte matematica di Dante sia proprio il „maestro di color che sanno".[59]

Dagli scorsi riferimenti matematici che si trovano nella DC possiamo dunque concludere o che Dante non ritenne necessario farne altre, oppure, dato che dal punto di vista culturale l'opera appare una sorta di „Summa" teologica e scientifica, che la sua conoscenza matematica fosse limitata. [60]

Dante *avrebbe avuto la possibilità, se avesse voluto, di leggere e studiare le opere di Leonardo Pisano* [führender italienischer Mathematiker zu Dantes Zeiten], *solo che non si interessò a quella che in quel tempo rappresentava la matematica superiore, limitandosi a quanto gli proveniva dai suoi primi studi e dalle opere di Aristotel.*[61]

Dante scheint also auch in der Mathematik eher der Vergangenheit zugewandt gewesen zu sein. Aber eigentlich hätte es dieser Untersuchung gar nicht bedurft, um das festzustellen, denn aus dem Brief an Cangrande wissen wir ja ohnehin schon, daß der Sinn des Gedichtes nicht die symmetrische Anordnung von bestimmten Begriffen ist,

---

[59] Maracchia S: Dante e la matematica. In: Archimede 31(1979): 195-208, hier: S. 203

[60] ebd. 204

[61] ebd. 208

sondern die Beantwortung der Fragen nach Willensfreiheit und Leben nach dem Tode.

4. Zahlen in der DC

Beginnen wir mit einigen Beispielen für Zahlenkompositionen, die sich im Rahmen des zu Dantes Zeiten Üblichen halten. Es kann sich hier, wie auch später bei den weniger wahrscheinlichen Befunden, nur um eine Auswahl[62], hauptsächlich aus dem Inferno, handeln, da der Anspruch auf Vollständigkeit den Rahmen sprengen würde.

Dantes Reise dauert 7 Tage: 2 Tage verbringt er im Inferno, 4 Tage im Purgatorio und 1 Tag im Paradiso: 2 ist als Überschreitung der 1 die Zahl der Sünde, 4 Zahl des Menschen, um dessen Leuterung es ja in der 2. Cantica geht. 1 ist ein Symbol Gottes. Die Reise endet am 7. Tage was die Ruhe nach 6 Werktagen bedeutet.

Die 3 als Symbol der Trinität findet sich wieder in den 3 Cantiche und den 3 Versen, die die Terzine bilden sowie in den 3 Führern, die Dante auf seinem Weg begleiten. Eine Antithese

---

[62] die Beispiele sind entnommen aus: Koenen F: Dantes Zahlensymbolik. In: DDJb 8 (1924): 26-46; Gmelin H: Kommentar zur Göttlichen Komödie, Bd. IV, Hölle. München 1988; Bosco U, Reggio G: Commento. In: Bosco U, Reggio G (a cura di): La divina commedia. Inferno. Firenze 1988; Curtius (loc. cit. 29): das Kapitel über Dante und der Exkurs über die Zahlenkomposition.

zur Dreieinigkeit, die im Mittelalter offenbar häufig als Dreiköpfigkeit dargestellt wurde, findet sich in der Dreiköpfigkeit Luzifers in Inf. 34.

In Inferno 11 gibt Dante einen Plan der Hölle: 11 (=10+1) bedeutet die Überschreitung des Dekalog. Andererseits ist der 11-Silber das Versmaß der Commedia. Ob und wenn ja was Dante damit sagen wollte, muß unklar bleiben.

9 ist die Zahl der Unvollkommenheit (10-1): Die Hölle hat 9 Kreise, 9 Wollüstige befinden sich in Inf. 5, 9 Sodomiten in Inf. 15. Ebenfalls 9 Kreise hat das Purgatorio, das sich zusammensetzt aus: Antepurgatorio + 7 Kreise für die 7 Hauptsünden + irdisches Paradies.

Im Paradiso hingegen finden wir 9 Himmelssphären + Empyreum, was die Zahl der Vollkommenheit ergibt.

In Inf. 3 steigt Dante in die Hölle hinab, Purg. 9 betritt er das Purgatorio, Purg. 27 das irdische Paradies, Par. 27 Aufstieg zum 9. Himmel. Das ergibt eine Potenzierung, also „Verstärkung" der 3, der Zahl der Trinität: $3^2=9$, $3^3=27$

Die vollkommene 10 kombiniert mit der 3 erscheint in den Gesängen, in denen Beatrice Dante erscheint (Purg. 30) und ihn wieder verläßt (Par. 30): 30=3x10

Die unvollkommene 5 begegnet uns in Inf. 26, 130, wo berichtet wird, daß Odysseus 5 Monate lang zur See. Das Schiff dreht sich nach der Kollision mit dem Berg 3x und geht erst bei der 4. Drehung unter.

Die perfekte Zahl 6 findet man bei den 6 berühmten Dichtern in Inf. 4, 102

Das Schloß der Dichter ist von 7 Mauern (Inf. 4, 107) umgeben, die als 7 Tugenden oder 7 freie Künste gedeutet werden können. Die 7 als Pars pro toto begegnet z.B. in Inf. 8, 97: „O caro duca mio, che più di sette volte m'hai sicurtà" und in Inf. 22, 103: "per un ch'io son, ne farò venir sette".

7 mythologische Gestalten befinden sich als Wächter im Inferno: Charon, Minos, Cerberus, Plutus, Phlegias, Minotaurus, Geryon. In jeder Cantica kommen 7 Leseranreden, vor, im Inferno sind es: 8, 94; 9 61; 16, 128; 20, 19; 22, 118; 25, 46; 34, 22.

In Purg. 29 wird der Triumphzug der Kirche geschildert: 7 Leuchter symbolisieren die 7 Gaben des hl. Geistes, 4 Tiere, die den Wagen begleiten, bedeuten die 4 Evangelien, die 24 Älteste sind die Bücher des AT. Die 10 Schritte zwischen den 7 Leuchtern deuten auf die Summe 7+10=17. 3 Tänzerinnen rechts: Liebe (rot), Hoffnung (grün), Glaube (weiß). 4 Tänzerinnen links: 4 Tugenden.

Die 30 Jahre Buße für jedes Jahr im Kirchenbann die Dante in Purg. 3, 139 verhängt, scheint eine eigene Erfindung zu sein, denn normalerweise ist ja 40 (4=Zahl des Menschen, der gegen die 10 Gebote verstößt) die Zahl der Buße: 40 Tage fastete

Christus und Moses.[63] Daher möglicherweise auch die 40 Nennungen des Namens Christi in Purgatorio und Paradiso.[64]

100 erscheint mehrfach als pars pro toto: "e voi ne orate cento" (Inf. 19, 112); "per cento rote" (Inf. 17, 130); "gliene diè cento" (Inf, 25, 32); "giace poi cent'anni" (Inf. 15, 38); "più di cento raffi" (Inf. 21, 52); außerdem Inf. 28, 52; Inf 30, 83.

Im gleichen Sinne werden die übrigen Dezimalzahlen gedeutet, z.B. 1000: più di mille ombre (Inf. 5, 67), più di mille anime (Inf. 9, 79), più di mille (diavoli) (Inf. 8, 82), qui con più di mille giaccio (Inf. 10, 118), (i centauri) vanno a mille a mille (Inf. 12, 73); 100 000: cento milia perigli (Inf. 26, 112).

Die 4302 Jahre Buße Adams in Par 26, 119ff: "quattromilia trecento e due volumi di sol desiderai questo concilio" erklären sich wie folgt:[65] Nach Eusebius erfolgte die Erschaffung der Welt im Jahre 5200 v. Chr.; Adam starb mit 930 Jahre (Gen 5, 5) und verbrachte bis zu seiner Erlösung durch Christi

---

[63] Sauer J: Symbolik des Kirchengebäudes und seiner Ausstattung in der Auffassung des Mittelalters. Freiburg 1924, S. 83

[64] Loos E: Der logische Aufbau der „Commedia" und die Ordo-Vorstellung Dantes. Akad. d. Wiss. u. d. Lit., Mainz. Jg. 1984, Nr.2, S. 19

[65] v. Falkenhausen F: Kommentar. In: Dante: Die Göttliche Komödie. Frankfurt 1996, S. 641

Höllenfahrt, die im Alter von 32 Jahren stattfand, demnach 5200-930+32 = 4302 Jahre im Limbus der Hölle.

In Par 19, 129: "Vedrassi al Ciotto di Ierusalemme segnata con un i la sua bontate, quando `l contrario segnerà un emme" begegnen uns lateinische Zahlen: i=I=1, M=1000. Es sind einfach Mengenangaben, die besagen, daß die guten Taten des "Lahmen von Jerusalem" eben sehr viel (nämlich 1000x) seltener waren als seine schlechten.

Interessant ist die Verwendung lateinischer Zahlen aber vor allem, weil sie dafür spricht, daß Dante eben keine arabischen Ziffern verwendete und daher auch seinen und andere Namen nicht mittels Gematrie verschlüsselt im Gedicht erwähnte.

5. Wer Visionen hat, sollte zum Arzt gehen

Man kann diese "Visionen" in drei Kategorien einteilen: In Prophezeiungen, in Spekulationen, die Maße (z.B. Längenmaße oder Abstände zischen einzelnen Stichwörtern) betreffen, und in trigonometrische Spekulationen.

Neben dem "veltro" aus Inf. 1 ist der DVX aus Purg. 33 eines der großen Rätsel der DC.

Purg. 33, 43f.: *Nel quale un cinquecento diece e cinque*
Messo di Dio, anciderà la fuia

Zunächst: Auch hier verwendet Dante keine Ziffern, sondern Worte, um eine Zahl darzustellen. Wenn man die Zahl 515 mit römischen Zahlen schreibt, erhält man, wenn man Dantes Reihenfolge beibehält:

500 = D   10 => X   5=V   => DXV

Man fragt sich natürlich, warum Dante, wenn er DUX sagen wollte, nicht schrieb:

Un cinquecento cinque e dieci

Vielleicht brauchte er den Reim, aber andererseits dürfte man es ihm ruhig zutrauen, daß er in der Lage gewesen wäre, einen anderen Reim zu finden. Wenn man die Buchstaben umstellt, ergibt sich jedenfalls DUX, also „Führer". Einige Interpreten[66]

---

[66] zit. n. Koenen (loc. cit. 62) 43f.

44

beziehen nicht nur die Zahlworte mit ein, sondern auch Artikel und Konjunktionen. Dann erhält man:

Un cinquecento diece e cinque

I   D   X E V   was nach Umstellung der Buchstaben „ IUDEX" ergibt.

In beiden Fällen ist man nur unwesentlich schlauer als zuvor, denn was man ja gerne wissen möchte ist, um wen es sich bei diesem Richter oder Führer handelt.

Moore[67] glaubt, daß Heinrich VII. gemeint ist, und begründet es wie folgt: Die italienische Form von „Heinrich" ist „Arrigo" oder „Arrico". Wenn man das mit dem hebräischen Alphabet „gematrisiert", erhält man: a = alef = 1   r = resh = 20   i = Jod = 10

Für das „c" möchte Moore das „k" verwenden, er nennt es „kof" und gibt ihm den Wert 100. Ich finde in der Tabelle im Anhang (natürlich kann sie falsch sein) für **k = kaf den Wert 20.** Den Wert 100 hingegen hat das **q = qof** , das aber überhaupt nicht in den Zusammenhang paßt. Ein weiteres Problem ist der Vokal „o", für den es im Hebräischen keine Zahl zu geben scheint. Da jedoch „o" der 4. Vokal ist, nimmt Moore an, daß Dante ihm den Wert 4 gab. Es ergibt sich somit:

$$1 + 200 + 200 + 10 + 100 + 4 = 515$$

---

[67] Moore (loc. cit. 25) 253 ff.

Koenen[68] argumentiert wie folgt: 5 ist die Zahl der Finger und bedeutet Tätigkeit, Arbeit. Die Multiplikation mit 100 bedeutet Potenzierung der Grundbedeutung, so daß mit 500 ein außerordentlich tüchtiger Mann gemeint sein muß. 15 wiederum ist die Zahl der Tugenden (die Bibel ist da offensichtlich nicht eindeutig: manchmal ist auch 7 die Zahl der Tugenden, oder 4, möglicherweise gibt es auch noch andere Zahlenangaben. Außerdem ist 15 nach Gal 5,19ff auch die Zahl der Laster): patientia, benignitas, pietas, simplicitas, humilitas, contemptus mundi, paupertas, pax, bonitas, gaudium spirituale, sufferentia, fides, spes, longanimitas, perseverantia[69], so daß man 515 übersetzen kann mit „virtuosissimo uomo".

Vielleicht hat Dante sich damit selbst gemeint. Hardt (HARDT 1993: 78) glaubt es beweisen zu können, indem er feststellt, daß der Abstand zwischen Par. 15,20 (ein Vers, in dem Dante seinem Ururgroßvater Cacciaguida begegnet), Par. 18, 91 (hier erscheint der lateinische Satz: „Diligite iustitiam") und Par. 22, 34 (Dante begegnet dem Hl. Benedikt, der ihn anspornt, seine Reise fortzusetzen) jeweils 515 Verse beträgt. Es fällt auf, daß Par. 33, 43 in dieser Berechnung gar nicht vorkommt. Im übrigen scheint sich hier wieder ein Rechenfehler

---

[68] Koenen (loc. cit. 62)43f.

[69] Meyer/Suntrup (loc. cit. 22) 655f.

eingeschlichen zu haben, denn die Differenz zwischen Par. 18, 91 (=Vers 12004) und Par. 22, 34 (= Vers 12521) beträgt nicht 515 sondern 517 Verse.

Der einzige, der 515 nicht für eine Person, sondern für eine Jahreszahl hält, scheint John[70] zu sein: Für ihn bedeutet 515 (v. Chr.) das Jahr, in dem der salomonische Tempel, der im Jahre 588 v. Chr. durch den babylonischen König Nebukadnezar II. zerstört worden war, wieder aufgebaut wurde. Das sei Dante bekannt gewesen, und er habe damit den Wiederaufbau des vom französischen König zerschlagenen Templerordens prophezeien wollen.

Bosco und Reggio haben in ihrem Kommentar zu Inf. 11 (dem Gesang, in dem Vergil Dante die Topographie der unteren Hölle erklärt) darauf hingewiesen, daß die Zeit- und Entfernungsmaße in der DC nicht wörtlich aufzufassen sind. *„Basti dire che Dante copre la distanza dalla superficie al centro della terra in 24 ore circa; cioè /.../ avrebbe dovuto camminare alla velocità di 600 km all'ora.*"[71] Das stimmt zwar nicht ganz, denn der Erdradius beträgt bekanntlich ca. 6000 km, woraus sich eine Geschwindigkeit von 6000/24 = 250

---

[70] John (loc. cit. 4) 217f.

[71] Bosco/Reggio (loc. cit. 62) 163

km/h ergibt, aber auch das ist noch reichlich schnell für einen Fußgänger.

Die Zahlen dienten vielmehr dazu, *„dare al lettore l'impressione d'un resoconto di cose viste e vissute ..."* [72]

Beispiele dafür sind die Größe Nimrods in Inf. 31, 63f., die von der Körpermitte bis zur Schulter ca. 6m betragen haben soll („trenta gran palmi", wenn man davon ausgeht, daß eine Handspanne ca. 20 cm beträgt, ergibt das 6m); desgleichen die Größe des Anteus in Inf. 31, 113: „cinque alle /.../ uscia fuor de la grotta." [73]

Genaue Angaben bezüglich des Umfanges der Kreise findet man in Inf. 29, 9 („che miglia ventidue la valle volge") und 30, 86f. („ella volge undici miglia").

Bei einem Umfang von 22 Meilen ergibt sich für den Durchmesser dieses Kreises:

$U = 2 \times \Pi \times r \Rightarrow r = 3,5 \quad d = 2 \times r = 7$. Nun ist 22/7 ein zu Dantes Zeiten häufig gebrauchter Näherungswert für Pi. [74] Kann man daraus schließen, daß Dante den Leser durch die Verwendung der 22 zu obiger Rechnung anregen und auf diese Weise auf jene Zahl hinweisen wollte? Warum dann aber die zweite

---

[72] ebd.

[73] soll nach Bosco/Reggio (loc. cit. 62, S. 462) sieben Metern entsprechen

[74] Maracchia (loc. cit. 59) passim

48

präzise Zahlenangabe in Inf. 30 ? Hier würde der Leser 11/3,5 errechnen, wie nicht anders zu erwarten eine ebenso gute Näherung an Pi, aber im Mittelalter nicht üblich.

Wenn wir Inf. 7, 25-35 betrachten, finden wir, daß die Geizigen und Verschwender sich in einem Halbkreis bewegen, den Dante überblicken kann. Gehen wir von folgenden Voraussetzungen aus: Die Hölle besteht aus konzentrische Kreisen, die sich trichterförmig verjüngen. Der Umfang des 9. Grabens des 8. Kreise beträgt 22 Meilen, der des 10. Grabens des 8. Kreises 11 Meilen. Dann ergibt sich, immer unter der Voraussetzung, daß die Kreise symmetrisch angeordnet sind, für den 4. Kreis (Inf. 7) ein Umfang von 66 Meilen, woraus sich ein Radius von 10,5 Meilen errechnet. So weit kann kein Mensch gucken. Es gilt hier vielmehr das bereits für die Reisegeschwindigkeit gesagte: Die Zahlen dienen dazu, beim Leser einen realistischeren Eindruck zu erzeugen.

Einige Autoren gehen davon aus, daß Dante Stichwörter in bestimmten Abständen anordnete, die sich z.T. über Distanzen von mehreren Hundert oder sogar mehreren Tausend Versen erstrecken. Manfred Hardt wies eine symmetrische Anordnung des Wortes „amore" im Inf. nach.[75] Wies er? Jedenfalls sind die 19 Belege dieses Wortes im Inferno wie folgt angeordnet:

---

[75] Hardt M: Poetik und Semiotik. Tübingen 1976, S. 91-115, hier: S. 92-99

1, 39		
1, 83		
1, 104		
2, 72		
3, 6		
5, 66	**amore ...** jeweils im 3. Vers der Terzine	
5, 69	amor ...	
5, 78	amor ...	
5, 100	Amor ... jeweils im 1. Vers	3993 Verse
5, 103	Amor ...	$=3 \times 11^3$
5, 106	Amor ...	
5, 119	**amore ...** jeweils im 2. Vers	
5, 125	amor ...	
5, 128	amor ...	
11, 56		
11, 61		
12, 42		
26, 95		
30, 39		

Es fällt auf, daß 9 der 19 Belege sich in Inf. 5 befinden. Das ist nicht verwunderlich, da es in Inf. 5 bekanntlich um die „lussuriosi" geht. Die ersten drei dieser 9 Belege stehen im dritten Vers der Terzine, die zweiten drei im ersten Vers und die dritten drei im zweiten Vers. Die erste und dritte Dreiergruppe beginnen darüber hinaus mit dem Wort „amore", nicht „amor", während die Belege der mittleren Dreiergruppe alle „amor" lauten und mit einem Großbuchstaben beginnen. Wenn das Symmetrie ist, so ist es zumindest keine spiegelbildliche Symmetrie, denn dann müßte man das „amore" der dritten Gruppe in 5, 128 erwarten.

50

Wenn man nur Inf. 5 betrachtet, fällt auf, daß der Umfang der Rede Francescas (v. 88 – 138) 51 Verse = 17 Terzinen entspricht. Die Gesamte Szene ist etwas länger, da Dante erst Kontakt aufnehmen muß. Sie beginnt mit Vers 73. Der Umfang der Beleg innerhalb dieser Szene, also 5, 78 bis zum letzten Beleg in 5, 128, beträgt 17 Terzinen.

Das bedeutet, daß zwei der 9 Beleg sich außerhalb der Francesca-Szene befinden, nämlich 5, 66 und 5, 69. Diese beiden Belege haben (immer nach Hardt) jedoch ebenfalls eine Beziehung zur Zahl 17, da in beiden Terzinen „amor" jeweils das 17. ist – allerdings nur, wenn man „mostrommi" und „nominommi" jeweils als zwei Wörter zählt.

Schließlich beträgt der gesamte Umfang der Belege im Inferno (1, 39 bis 30, 39) 3993 Verse, was man auch als 3×11^3 darstellen kann.

Die Bedeutung der 17 liegt bekanntlich in der Summe von „Gesetz" und „Gnade" (s.o.). 3 und 9 sind Symbole der Trintät, die 11 die Zahl des Gesetzesverstoßes. Ist es möglich, daß Dante mit diesen Zahlen einerseits auf den Gesetzesverstoß hinweisen, gleichzeitig aber auch sein Verständnis für die Liebenden äußern wollte? Andererseits ist Inf. 5 nicht der einzige Gesang des Inferno, in dem Dante Verständnis und Mitleid zeigt. Bekannte Beispiele sind die Begegnungen mit Farinata, Brunetto Latini, Odysseus und Ugolino. Man müßte also entsprechende Anordnungen auch in diesen Gesängen finden. Wie es scheint, ist das auch Manfred Hardt bisher nicht gelungen. Aber zumindest im Odysseus-Gesang soll es ebenfalls eine symmetrische Anordnung des Wortes „fiamma" geben.[76] Die 17 Belege das Wortes „fiamma" im Inferno sind angeordnet wie folgt:

2, 93		26, 31		27, 1
3, 99		26, 38		27, 63
9, 118		26, 42		27, 131
14, 33	7 Gesänge mit je 1	26, 58	1 Gesang mit 7 Belegen	
16, 11	Beleg	26, 68		
19, 33		26, 76		
23, 39		26, 85		0 Belege in 28-34
				(= 7 Gesänge)

Man findet 7 der 17 Belege im 26. Gesang. Vor dem 26.Gesang befinden sich 7 Gesänge mit jeweils einem Beleg. Interessant ist, daß Hardt hier etwas verwendet, daß man „negativen Beweis" nennen könnte, nämlich die „symbolische Nichtverwendung eines bestimmten Wortes innerhalb bestimmter Textstrecken"[77]: Nach dem 27. Gesang, der drei Belege enthält, kommen nämlich 7 Gesänge ohne Belege. Abgesehen davon, daß das Nichtvorhandensein von etwas als Beweis zumindest ungewöhnlich ist, könnte also die Zahl 7 in

---

[76] Hardt (loc. cit. 75) 99-105
[77] ebd. 109

diesem Zusammenhang eine Rolle spielen. Da 7 eine ungerade Zahl ist, ist der vierte der sieben Belege in Inf. 26 der mittlere. Das ist 26, 58. Hier beginnen die Verse mit Bezug auf Odysseus, während die drei vorangehenden keinen Bezug zu ihm haben. Der Bericht des Odysseus, dessen Umfang 58 Verse beträgt, beginnt 26, 85. Das könnte, wenn Dante den Zahlenchiasmus verwendete, ein Hinweis auf die Zahl 58 oder 85 sein.

Verse mit Bezug auf O.: 26, 58   Ohne Bezug: 26, 31; 38; 42
                     26, 68
                     26, 76
                     26, 85   Beginn des Berichtes des Odysseus
                              (Umfang: 58 Verse)

Die zweite perfekte Zahl nach der 6 ist die 28 (1+2+4+7+14). 28 Verse beträgt die Differenz zwischen 26, 31 und 26,58, sowie zwischen 26, 58 und 26, 85

26, 31└────────────────── 26, 58─────────────── 26,85
          28 Verse   28 Verse

Die 28 läßt sich darstellen als 2x14. 14 Verse beträgt der Abstand von 26, 58 zur Mitte des Gesanges und von dort zu 26, 85

26, 58 ───────────── Mitte des Gesanges ─────────────26, 85
        14 Verse   14 Verse

Sieben ist u.a. die Zahl des Menschen und könnte auf die Auflehnung des Menschen Odysseus gegen die von Gott gesetzten Grenzen hindeuten. 85 ist der gematrische Wert der lateinischen Form von Odysseus, nämlich „Ulixes". Aber Ulixes kommt im Text nicht vor. Was vorkommt ist die italienische Form „Ulisse", die jedoch den Wert 81 hat. Immerhin befindet sie sich im 56. Vers des Gesanges, worauf Dante vielleicht mit der 28 (56=2x28) hinweisen wollte ...

Man wird nicht fehlgehen, wenn man Dante für einen Mann hält, der von sich überzeugt war. Ein Mann mit Selbstvertrauen. Man kann ihn ruhig eitel nennen. Aber wie eitel war Dante wirklich? Laut M. Hardt zumindest so eitel, daß es ihm nicht genügte, seinen Vor- und Nachnamen in gematrischer Form im Gedicht unterzubringen, wie aus folgender Darstellung hervorgeht: [78]

Purg. 33, 50: (9380)   che solveranno questo enigma forte
$\qquad$ + 2478 = 21 x 118
Par. 17, 87   (11858)   non ne potran tener le lingue mute
$\qquad$ + 2478 = 21 x 118
Inf. 1, 103   (103)   Questi non ciberà terra né peltro

---

[78] Hardt (loc. cit. 24) 83

Ob zwischen diesen drei Versen außer der des konstanten Abstandes von jeweils 2478 Versen auch eine inhaltliche Beziehung besteht, sei jedem selbst überlassen. Neben der Tatsache, daß man über das Ende des Gedichtes hinauszählen und am Anfang wieder anfangen muß, um von Par. 17, 87 zu Inf. 1, 103 zu gelangen, ist hier die Zahl 118 von Interesse, der gematrische Wert von „Dante Alighieri" – wenn Dante diese Schreibweise seines Namens verwendete (s.o.). 2478 kann man als 21x118 darstellen, 2x2478 demnach also als 2x21x118=42x118. Und da 42 der gematrische Wert von „Dante" ist, hätte Dante hier also wie folgt „signiert": Dante Dante Alighieri.

Normalerweise hätte man ja „Dante Alighieri" erwartet, also Dante x Alighieri = 42 x 76 = 2 x 21 x 76 = 2 x 1596, aber dann müßte man sich neue Verse suchen, die sich in diesem Abstand zueinander befinden. Aber auch das dürfte eigentlich kein Problem darstellen, wer Zeit und Lust hat, möge es ausprobieren.

Eine vollkommen andere Auffassung von Dantes Arbeitsweise vertritt Manfred Hardts fast-Namensvetter Thomas E. Hart: Er geht davon aus, daß der Autor der DC nicht einfach die Differenzen zwischen einzelnen Stichwörtern so wählte, daß diese Verszahlen bedeutungstragend sind, sondern daß er das Prinzip der Proportionalität verwendete: *„the matematical aspects of these techniques rely largely on the principle of* *proportionality of the type A/B=C/D /.../ that the line-totals of the intervals these references mark off reflect /.../ the proportionality of the geometric figures referred to.* " [79]

Mit diesen Proportionen soll Dante aufgrund „his fascination with matematics"[80] und seiner „evident competence in the matematics of his day"[81] insbesondere auf „a celebrated problem in the history of matematics, the quadrature of the circle"[82] hingewiesen haben.

Wie große Dantes Kompetenz auf dem Gebiet der Mathematik wirklich war, wird sich nicht mehr klären lassen. Nach der oben bereits zitierten Auffassung von Maracchia waren seine Kenntnisse entweder begrenzt, oder er besaß kein Interesse an höherer Mathematik. Hier steht also Aussage gegen Aussage. Hinzu kommt Dantes eigene Stellungnahme im Brief an Cangrande. Darüber hinaus müßte man annehmen, daß Dante, wenn er wirklich Proportionen verwendete, eine Methode anwendete, die zumindest im Rahmen der Bibelauslegung (s.o.) extrem ungewöhnlich war. Daß diese Annahme

---

[79] Hart (loc. cit. 15) 114

[80] ebd. 107

[81] ebd. 134

[82] ebd. 119

angesichts seines bekannten Konservatismus nicht sehr wahrscheinlich ist, versteht sich von selbst.

Trotzdem hat Hart an zahlreichen Beispielen gezeigt, daß seine Theorie funktioniert, d.h. es kommt bei diesen Proportionen tatsächlich immer etwas heraus, das irgendwie mit Kreisumfängen oder -radien oder dem Verhältnis zwischen beiden zu tun hat. Wobei er von Dante bei weitem nicht die gleiche Präzision bei der Konstruktion der Commedia erwartet wie sein deutscher Kollege („um keinen einzigen Vers konnte Dante /.../ abweichen")[83]: Hart gesteht ihm für Intervalle von 1000-5000 Versen zu, daß „line-counts vary by five or less", so daß, da es sich ja immer um Quotienten von je zwei Intervallen handelt, „in the worst conceivable instance the discrepancy would be ten, ..."[84]

Daß man die Distanzen zwischen Stichwörtern in Beziehung setzen und dann hoffen muß, daß sich ein sinnvoller Zahlenwert ergibt, ist also klar. Unklar muß auch hier bleiben, ob diese Beziehungen wirklich zwingend sind.

Ein Beispiel: Ein Kreis „divided by two diameters at right angles" wäre demnach „the most famous symbol of Western religion, the cross, especially the cross of equal beams, the so-

---

[83] Hardt (loc. cit. 9) 326

[84] Hart (loc. cit. 15) 127

called Greek cross, inscribed in an circle." [85] Das Verhältnis von Umfang zu Durchmesser eines Kreises ist bekanntlich gegeben durch Pi. Wenn der Kreis von zwei Durchmesser geteilt wird, ergibt sich Pi/2. Und Pi/2, in der Näherung 11/7, erhält man, wenn man die Distanzen zwischen den vier Cristo-Reimen in Par. 12, 14, 19 und 32 ins Verhältnis setzt. Wobei Hart hier von seiner Regel Gebrauch macht, keine allzu große Präzision von Dante zu fordern:

> „counting, say, from the second of the three Cristos in each set would be analytically efficient and has the appeal of simplicity. But /.../ would also run the risk of imposing an analytical straitjacket /.../ by requiring a higher degree of mathematical precision than this /particular textual feature warrants." [86]

Was dazu führt, daß er manchmal bis zum letzten der drei Verse mißt, manchmal aber nur bis zum ersten (siehe Anhang 2).

Ein Beispiel für das konstante Verhältnis zwischen dem Umfang eines Halbkreises und einem darin eingeschriebenen gleichschenkligen Dreieck findet man, wenn man das Wort Geometer mit Stellen in Beziehung setzt, wo von Kreisen (aber

---

[85] Hart TE: Some thoughts on approximations to the value of Π. In: In: Boyde P, Russo V (a cura di): Dante e la scienza. Ravenna 1993, S. 265-335, hier: S. 300

[86] Hart (loc. cit. 15) 127

nicht von Dreiecken!) die Rede ist (Maße und Skizzen siehe Anhang 3). Dann ergibt sich folgende Rechnung:

$$U_{Dreieck} = 2a + 2r = 2a + d$$

$$d^2 = 2a^2 \Leftrightarrow d = a\sqrt{2}$$

$$\Rightarrow U_D = 2a + a\sqrt{2} = a(2 + \sqrt{2})$$

$$U_{Halbkreis=} \frac{2\Pi r}{2} + 2r = \Pi r + 2r$$

$$= r(\Pi + 2) = \frac{d}{2}(\Pi + 2)$$

$$= d(\frac{\Pi}{2} + 1)$$

a = Seitenlänge Dreieck, d = Basis des Dreiecks = doppelter Radius r des Kreises

Wenn man die Umfänge ins Verhältnis setzt, ergibt sich:

$$\frac{U_{HK}}{U_D} = \frac{d(\frac{\Pi}{2}+1)}{a(2+\sqrt{2})} = \frac{a\sqrt{2}(\frac{\Pi}{2}+1)}{a(2+\sqrt{2})} = \frac{\sqrt{2}(\frac{\Pi}{2}+1)}{(2+\sqrt{2})} = \frac{\sqrt{2}(\frac{\Pi}{2}+1)}{\sqrt{2}(\sqrt{2}+1)} = \frac{\frac{\Pi}{2}+1}{\sqrt{2}+1} = 1,065$$

Das entspricht den Verhältnissen der gemessenen Strecken in der Skizze in Anhang 2. Es fällt allerdings auf, daß das Wort „Dreieck" bzw. „Triangolo", wie gesagt, in den ausgewählten

Textabschnitten gar nicht vorkommt, was man doch aber erwartet hätte, wenn Dante wirklich darauf hinweisen wollte. Natürlich kommt in der DC das Wort „Triangolo" vor, aber eben an anderer Stelle (siehe Anhang 4). Exakt diese Stelle jedoch verwendet Hart um auf das konstante Verhältnis zwischen dem Radius eines in einem Quadrat eingeschriebenen Kreises zum Radius eines das Quadrat umgebenden Kreises hinzuweisen: Mit der Seitenlänge a eines Quadrates ergibt sich:

$$r_1 = \frac{d}{2} \wedge d^2 = a^2 + a^2 = 2a^2 \Leftrightarrow d = a\sqrt{2}$$

$$\Rightarrow r_1 = \frac{a}{2}\sqrt{2}$$

$$r_2 = \frac{a}{2}$$

$$\frac{r_1}{r_2} = \sqrt{2}$$

Was natürlich wieder mit den gemessenen Distanzen übereinstimmt...

6.   Versuch einer Erklärung

Wenn wir davon ausgehen, daß Dante sich nicht wirklich für Trigonometrie interessierte, woran könnte es liegen, daß man trotzdem diese sowie auch andere erstaunliche Resultate findet? Möglicherweise hat das etwas mit einem Gebiet der Mathematik zu tun, das man Kombinatorik nennt: Bereits im 13. Jh. behauptete ein spanischer Rabbi, in der Genesis im Abstand von 42 Buchstaben ein Geheimnis entdeckt zu haben. Das entsprach der kabbalistischen Tradition, die hinter den Buchstaben der Bibel einen verborgenen Sinn sehen wollte, der nur den Eingeweihten zugänglich war. Doch erst im Computerzeitalter gelangte die Methode unter dem Namen „Bibelcode"[87] zu größerer Bekanntheit: In einer Buchveröffentlichung des Jahres 1997 wurde behauptet, die Bibel enthalte Hinweise auf aktuelles Zeitgeschehen, z.B. auf die Ermordung des israelischen Ministerpräsidenten Rabin. Allerdings lassen sich derartige Bezüge offenbar in jedem hinreichend langen Text herstellen: So konnten in H. Melvilles „Moby Dick" Hinweise auf die Ermordung John F. Kennedys und Martin Luther Kings gefunden werden[88]. Wie die von M.

---

[87] http://de.wikipedia.org/wiki/Bibelcode

[88] Für Details siehe die BBC-Reportage unter: www.egol.de/programm/dokuwissen/sendungen/sendung_118.php

Hardt zitierten Beispiele für „problematische Untersuchungen" zur Zahlenkomposition in mittelhochdeutschen Texten[89] zeigen, funktioniert der „Bibelcode" möglicherweise auch mit Zahlen.

Die Möglichkeit, daß viele der Befunde auf Zufall beruhen, sollte also nicht außer acht gelassen werden. Es wurde mehrfach darauf hingewiesen[90], daß sich auf beiden Seiten von Purg. 17, dem Zentralgesang der Commedia also, je drei Gesänge befinden, deren Verszahlen sich jeweils entsprechen, was natürlich vom Dichter beabsichtigt war (oder auch nicht).

Gesang	Verszahl
14	151
15	145
16	145
17	139
18	145
19	151
20	151

---

[89] Hardt (loc. cit. 38) 71

[90] Singleton (loc. cit. 56) 4, Hardt (loc. cit. 9) 91

Dem entgegen steht die Behauptung, daß „the pattern of the symmetric seven /.../ would have been likely even if the poet had resorted to coin tossing to determine the lengths of the cantos."[91] Es ist dieser Deutung natürlich heftigst widersprochen worden.[92] Andererseits sind zufällige Übereinstimmungen (und daraus gezogene falsche Schlußfolgerungen) nicht selten: Als William Shakespeare 46 Jahre alt war, wurde die King-James-Bibel herausgegeben. In dieser Bibel hat Psalm 46 als 46. Wort „shake". Das 46. Wort vom Ende gelesen lautet „spear". Vergessen wir darüber hinaus nicht, daß Shakespeare an einem 23. (= 46/2) April geboren wurde und auch starb.

Auch die Zahl Pi war häufig Gegenstand von Spekulationen, z.B. über ihre Verwendung beim Bau der Pyramiden im alten Ägypten: Sie seien so konstruiert, daß die Summe der Grundkanten gleich dem Umfang eines Kreises mit der Pyramidenhöhe als Radius wäre. Das Wort INRI sei das ägyptische Wort, das für den Wert $\Pi^2 \times 3^{-3}$ steht.[93]

---

[91] Pegis, zit. n. Logan (loc. cit. 39) 96, der Originalartikel „Numerology and Probability in Dante", MedStud 29 (1967): 370-373 war mir leider nicht zugänglich.

[92] Logan (loc.cit. 39), Hardt (loc.cit. 9) 92f.

[93] Borchardt L: Gegen die Zahlenmystik an der Großen Pyramide bei Gizeh. Berlin 1922, S. 22; 33

Was das Auftreten von Pi in der DC betrifft, so scheint mir eine Erklärung überzeugend, die auf den Prinzipien der Kombinatorik beruht:

> „*Wählen Sie vier Zahlen A, B, C, D und bringen Sie sie in folgende Rechnung ein:* $A^a \times B^b \times C^c \times D^d$*, wobei Sie für a, b, c, d ganze Zahlen zwischen 5 und –5 sowie die positiven und negativen Werte Π, ½ und ⅓ einsetzen können. Es gibt 83521 mögliche Kombinationen, und die Wahrscheinlichkeit, daß eine davon einer zuvor bestimmten festen Größe (mit einer Abweichung von 0,01%) entspricht, ist etwa eins.*" [94]

Das bezieht sich auf die Maße an einem Fahrrad, wenn es um einen Text geht, dürfte die Wahrscheinlichkeit, den Bezug zu einer zuvor bestimmten festen Größe herzustellen, geringer sein, da die Distanzen A, B, C, D zwischen Stichwörtern gewählt werden müssen, die in einem gewissen Zusammenhang zueinander stehen. Man ist also nicht völlig frei in der Wahl der Faktoren.

Aber was, wenn jene Autoren, über deren sprühende Phantasie wir uns, geben wir es ruhig zu, ein wenig lustig gemacht haben, doch recht haben, wenn Dante sich also wirklich die Mühe machte, all diese versteckten Hinweise in seinen Text einzubauen? Es ist ja nicht ausgeschlossen, es spricht „nur" die

---

[94] De Jager C: Was ist Radosophie? In: v. Randow G (Hg.): Mein paranormales Fahrrad. Hamburg 1998, S. 23-30, hier: S. 29

Wahrscheinlichkeit dagegen. Wenn er es also wirklich tat, dann zumindest auf keinen Fall für den Leser. Denn der Leser wäre ja schon deshalb nicht in der Lage gewesen, Dante zu folgen, weil die Verse in den Manuskripten nicht numeriert waren. Singleton hat darauf hingewiesen, daß es an der Kathedrale von Chartres (und wohl auch an anderen Bauwerken dieser Art) Details auf dem Dach gibt *„ as carefully wrought as any on the façade itself, but which, being where it is, might never be seen again by human eye... "* [95] Der Steinmetz habe das nicht für den menschlichen Betrachter geschaffen, sondern für Gott:

> *„He who sees all things and so marvelously created the world in number, weight, and measure, would see that design /.../ and would surely see it as a sign that the human architect had indeed imitated that created Universe... "* [96]

Andererseits darf man folgendes nicht vergessen: Die dem Betrachter unsichtbaren Arbeiten sind genau die gleichen wie die sichtbaren:

> *Ein dem Blick des Beschauers monumentaler Kathedralarchitektur entzogenes Bildwerk unterscheidet sich durch nichts von einem solchen, welches an entsprechender Stelle eines Sakramentenhäuschens angebracht und hier ohne weiteres sichtbar ist. /.../ Wohl kann man sagen, daß jener „unsichtbare" Schmuck an*

---

[95] Singleton (loc. cit. 56)10

[96] ebd.

Kathedralen unmittelbar zu Gott ist; er ist es aber nicht anders /.../ als jeder sichtbare Teil des Werks. "[97]

Würde man nicht erwarten, daß der Künstler, wenn er in erster Linie nicht an den Betrachter/Leser dachte, sondern sein Werk Gott widmen wollte, die versteckten Details schöner, schwieriger, besser gestaltet hätte als den profanen „Rest"?

---

[97] Hellgardt (loc.cit. 44) 287, 289

7.   Kannte Dante die Eulersche Zahl?

Eine andere, mindestens ebenso wichtige mathematische Konstante wie Pi ist bekanntlich die nach dem Schweizer Mathematiker L. Euler benannte Eulersche Zahl. Sie kann wie folgt definiert werden:

$$e = \lim_{x \to \infty}(1 + \frac{1}{n})^n \qquad \text{oder} \qquad e = \sum_{k=0}^{\infty} \frac{1}{k!}$$

Wie 22/7 eine Näherung für Pi ist, so ist 19/7 eine solche für e:
e~19/7=2,71428...

Die Bedeutung von e liegt u.a. in der Zinsrechnung und in der Wahrscheinlichkeitstheorie. Hier spielt sie vor allem in der Normalverteilung eine Rolle:

$$f(x) = \frac{1}{\sigma\sqrt{2\Pi}} e^{-\frac{1}{2}(\frac{x-\mu}{\sigma})^2}$$

Die graphische Darstellung ergibt die bekannte Glockenkurve:

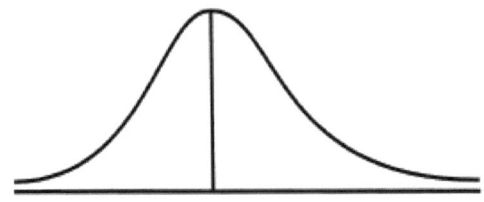

Borchardt hat gezeigt, wie einfach es ist nachzuweisen, daß nicht nur Pi sondern auch e beim Bau der Pyramiden eine Rolle gespielt hat, was ja schon deshalb wahrscheinlich sei, weil die Hieroglyphenschrift keine Vokale kannte und man daher auf andere Weise auf diesen Buchstaben hinweisen mußte. [98]

Sollten sich in der Divina Commedia tatsächlich Hinweise darauf finden, daß auch Dante diese Zahl kannte? Der Begriff „gufo" kommt laut Konkordanz[99] in der DC nicht vor, aber es finden sich die Begriffe campane, norma/norme, equalità, equale/iguale/igualmente, distribuendo, distributa/distributo, die alle irgendwie mit der Normalverteilung in Zusammenhang gebracht werden können. Einige treten mehrfach auf, so daß es insgesamt 21 Belege sind.

Betrachten wir die folgenden Stichwörter:
„distribuendo" in Inf. 7, 76 befindet sich 898 Verse vom Beginn des Inferno =A

---

[98] Borchardt (loc. cit. 93) 34

[99] Wilkins EH, Bergin TG: A concordance to the Divine Comedy of Dante Alighieri. Cambridge 1965

„norme" in Inf. 25, 103 befindet sich 3385 Verse vom Beginn des Inferno =B

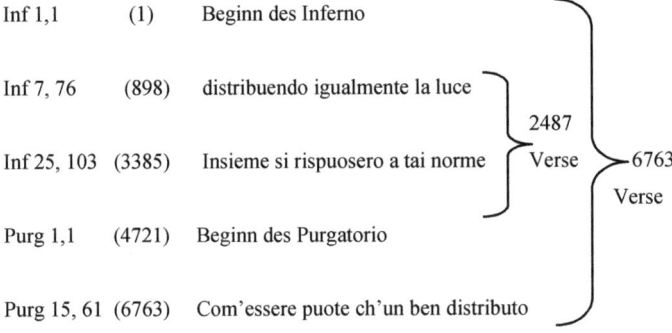

Inf 1,1   (1)   Beginn des Inferno

Inf 7, 76   (898)   distribuendo igualmente la luce

Inf 25, 103   (3385)   Insieme si rispuosero a tai norme

Purg 1,1   (4721)   Beginn des Purgatorio

Purg 15, 61   (6763)   Com'essere puote ch'un ben distributo

2487 Verse

6763 Verse

Die Differenz zwischen distribuendo und norme (A-B) beträgt 2487 Verse = C

„distributo" in Purg. 15, 61 befindet sich 6763 Verse vom Beginn des Inferno = D

Das Verhältnis D / C beträgt 6763/2487 = 2,719. Das ist nur 5/1000 mehr als 19/7

Damit haben wir einen Zusammenhang hergestellt zwischen dem wichtigen Satz, in dem nicht nur von der Verteilung, sondern von der gleichmäßigen, also symmetrisch zu einer Achse erfolgenden Verteilung des Lichtes die Rede ist, und dem Begriff Norm. Man sollte sich nunmehr die Frage stellen, ob *e* nicht in *D* umbenannt werden muß...

69

Wem dieser Zusammenhang nicht zwingend genug erscheint, der versuche folgendes:

Laut Konkordanz gibt es wie gesagt 21 Stichwörter, die (meiner Ansicht nach) einigermaßen in den Zusammenhang passen. Man kann für alle die Abstände zum Beginn und zum Ende der Commedia, den Abstand zur Mitte, sowie die Abstände zum Beginn und zum Ende der jeweils benachbarten Cantica bestimmen. Das ergibt für jedes Stichwort mindestens fünf Abstände (also 5x21=105), die jeweils miteinander kombiniert werden können (natürlich unter Ausschluß der Vertauschung der Reihenfolge). Daraus folgt:

Anzahl der Kombinationen[100] =

$$\binom{n}{k} = \frac{n!}{k!(n-k)!} = \frac{105!}{2!(105-2)!} = 5460$$

Unter diesen 5460 Kombinationen wird man gewiß eine weitere Näherung an e oder an irgendeine andere Konstante aus der Mathematik oder Physik finden ...

---

[100] Für die Herleitung des Binomialkoeffizienten siehe irgendein Lehrbuch der Statistik, z.B. Werner J: Biomathematik und medizinische Statistik, S. 65

8. Zusammenfassung

Dante vertrat politische Auffassungen, die bereits zu seinen Lebzeiten veraltet waren. Seine mathematischen und naturwissenschaftlichen Kenntnisse waren keinesfalls überdurchschnittlich und fortschrittlich sondern entsprachen allenfalls dem Wissensstand, den zu erwerben den Angehörigen der städtischen Oberschicht seiner Zeit möglich war.

In seinem Brief an Cangrande sagt Dante ziemlich klar, worum es in der Divina Commedia geht. An keiner Stelle seines Gesamtwerkes hingegen weist er auf versteckte Botschaften in dem Gedicht hin, was aber gerade bei einem Mann mit seiner Persönlichkeitsstruktur zu erwarten wäre, wenn es diese Botschaften gäbe.

Veröffentlichungen, die auf solche Botschaften hinweisen wollen, weisen häufig Ungenauigkeiten oder gar Rechenfehler auf, darüber hinaus ist gezeigt worden, daß bei hinreichend langen Texten und einer hinreichenden Anzahl von Faktoren die Wahrscheinlichkeit für "positive" Resultaten groß ist. Schließlich sind die angeblichen Beziehungen zwischen einzelnen Stichwörtern oft alles andere als zwingend. Andererseits läßt sich aufgrund der Einheitlichkeit der Thematik (z.B. Paradiso: Christus, Heilige, Kirche) nahezu immer ein Zusammenhang konstruieren.

Aufgrund dieser Tatsachen kann man davon ausgehen, daß die Zahlen in der DC sich im Rahmen dessen halten, was Dante aus der Literatur zur Bibelexegese bekannt sein konnte, oder dazu dienen, die Erzählung realistischer zu gestalten. Es sei denn, und dies ist die einzige Möglichkeit, einigermaßen gewagte Konstruktionen zu rechtfertigen, Dante hat nicht für den Leser konstruiert, sondern für Gott. Aber Gott duldet gewiss keine Rechenfehler.

9. Literatur

Aristoteles: Metaphysik. Stuttgart 1993

Borchardt L: Gegen die Zahlenmystik an der Großen Pyramide bei Gizeh. Berlin 1922

Bosco U, Reggio G: Commento. In: Bosco U, Reggio G (a cura di): La divina commedia. Firenze 1988

Cassirer E: Philosophie der symbolischen Formen. Teil 2: Das Mythische Denken. Darmstadt 1977

Cicero: De re publica

Crombie AC: Von Augustinus bis Galilei. Köln 1965

Curtius ER: Europäische Literatur und lateinisches Mittelalter. Tübingen 1993

Davidsohn R: Geschichte von Florenz. Bd. 4, 3. Osnabrück 1969

De Jager C: Was ist Radosophie? In: v. Randow G (Hg.): Mein paranormales Fahrrad. Hamburg 1998, S. 23-30

Diels H: Die Fragmente der Vorsokratiker Bd.1, Hildesheim 1989

v. Falkenhausen F: Kommentar. In: Dante: Die Göttliche Komödie. Frankfurt 1996

Gmelin H: Kommentar zur Göttlichen Komödie, Bd. IV, Hölle. München 1988

Goedel K: Über formal unentscheidbare Sätze der Principia Mathematica und verwandte Systeme. In: Monatshefte für Mathematik und Physik 38 (1931): 173-198

Hardt M: Die Zahl in der Divina Commedia. Frankfurt 1973

Hardt M: Poetik und Semiotik. Tübingen 1976, S. 91-115

Hardt M: Zahlen in mittelalterlichen Texten. In: Sprachkunst 11 (1980): 71-86

Hardt M: I numeri e le scritture crittografiche nella DC. In: Boyde P, Russo V (a cura di): Dante e la scienza. Ravenna 1993, S. 71-90

Hart TE: The Cristo-Rhymes, the Greek Cross, and Cruciform Geometry in Dante's Commedia: „giunture di quadranti in tondo". In: ZRPh 106 (1990): 106-134

Hart TE: Some thoughts on approximations to the value of Π. In: In: Boyde P, Russo V (a cura di): Dante e la scienza. Ravenna 1993, S. 265-335

Hell A: Odysseus bei Dante. In: Dt. Dante-Jahrbuch 38 (1960): 94-111

Hellgardt E: Zum Problem symbolbestimmter und formalästhetischer Zahlenkomposition in mittelalterlicher Literatur. München 1973

Hirschberger J: Geschichte der Philosophie Bd. I, Freiburg, o. J.

John RL: Dante. Wien 1946

Koenen F: Dantes Zahlensymbolik. In: DDJb 8 (1924): 26-46

Logan JL: The Poet's central numbers. In: MLN 86 (1971): 95-98

Loos E: Zur Zahlenkomposition und Zahlensymbolik in Dantes Commedia. In: RF 86 (1974): 437-44

Loos E: Der logische Aufbau der „Commedia" und die Ordo-Vorstellung Dantes. Akad. d. Wiss. u. d. Lit., Mainz. Jg. 1984, Nr.2

Maracchia S: Dante e la matematica. In: Archimede 31(1979): 195-208

Menninger K: Zahlwort und Ziffer Bd. II. Göttingen 1979

Meyer H, Suntrup R: Lexikon der mittelalterlichen Zahlenbedeutungen. München 1987

Meyer H: Die Zahlenallegorese im Mittelalter. München 1975

Moore E: The DXV prophecy. In: Moore E: Studies in Dante, 3rd series. Oxford 1968: 253-83

Nietzsche F: Unzeitgemäße Betrachtungen. München 1984

Perler D: Einleitung zu: Dante: Philosophische Werke Bd. 2: Abhandlung über das Wasser und die Erde. Hamburg 1994

Platon: Timaios. In: Sämtliche Werke Bd. 5. Hamburg 1959

Ross W: Der Held in der Hölle. Ein Versuch über den Odysseus-Gesang des Inferno. In: Dt. Dante-Jahrbuch 64 (1989): 61-74

Sagan C: Der Drache in meiner Garage. München 2000

Sauer J: Symbolik des Kirchengebäudes und seiner Ausstattung in der Auffassung des Mittelalters. Freiburg 1924

Singleton CS: The Poet's number at the center. In: MLN 80 (1965): 1-10

Sokal A, Bricmont J: Eleganter Unsinn. Wie die Denker der Postmoderne die Wissenschaft mißbrauchen. München 1999

Stillers R: Trecento. In: Kapp V (Hg): Italienische Literaturgeschichte, 2. Aufl., Stuttgart 1994, S. 30-87

Strunz F: Geschichte der Naturwissenschaften im Mittelalter. Hildesheim 1972

Werner J: Biomathematik und medizinische Statistik. München 1992

Wilkins EH, Bergin TG: A concordance to the Divine Comedy of Dante Alighieri. Cambridge 1965

Elektronische Quellen zum Thema „Bibelcode" (Stand: 15.03.06):

www.egol.de/programm/dokuwissen/sendungen/sendung_118.php

http://de.wikipedia.org/wiki/Bibelcode

10. Anhänge

Hebräisch		Griechisch		Latein	
	Zahlenwert		Zahlenwert		Zahlenwert
א	1	α	1	I	1
ב	2	β	2	V	5
ג	3	γ	3	X	10
ד	4	δ	4	L	50
ה	5	ε	5	C	100
ו	6	ζ	7	D	500
ז	7	η	8	M	1000
ח	8	θ	9		
ט	9	ι	10		
י	10	κ	20		
כ	20	λ	30		
ל	30	μ	40		
מ	40	ν	50		
נ	50	ξ	60		
ס	60	ο	70		
ע	70	π	80		
פ	80	ρ	100		
צ	90	σ	200		
ק	100	τ	300		
ר	200	υ	400		
ש	300	φ	500		
ת	400	χ	600		
		ψ	700		
		ω	800		

Anhang 1: Zahlenwerte der Buchstaben in verschiedenen
    Alphabeten

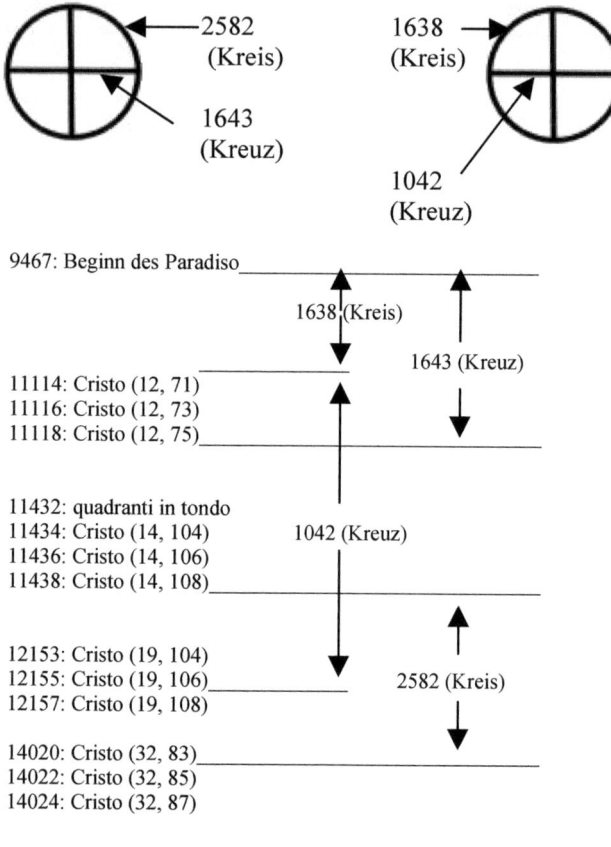

Anhang 2: Cristo-Reime und Kreisfigur mit eingeschriebenem
Kreuz (nach Hart 1990: 129)

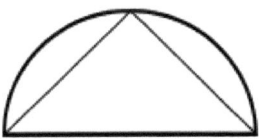

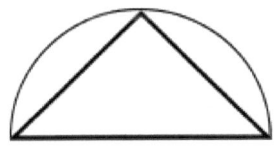

Halbkreis + Durchmesser = 9501

eingeschriebenes gleichseitiges Dreieck = 8920

1   (Inf. 1,1)   Beginn der DC

545 (Inf. 4, 131)   vidi 'l maestro di color che sanno

546 (Inf. 4, 132)   seder tra filisofica famiglia_____

556 (Inf. 4, 142)   Euclide Geometra e Tolomeo

                                                                     8920 Verse

4720 (Inf. 34, 139)   Ende des Inferno_____ eingeschriebenes _____
                                                                     gleichseitiges Dreieck

4721 (Purg. 1,1)   Beginn des Purgatorio

                                                                     9501 Verse

9475 (Purg. 33, 145) Ende des Purgatorio_____ Halbkreis+
9476 (Par. 1,1)   Beginn des Paradiso   Durchmesser

14221 (Par. 33, 133) Qual è 'l geometra chc tutto s'affige_____
14222 (Par. 33, 134) per misurar lo cerchio, e non ritrova,
14223 (Par. 33, 135) pensando, quel pricipio ond' elli indige
14224 (Par. 33, 136) tal era io a quella vista nova
14225 (Par. 33, 137) veder voleva come si convenne
14226 (Par. 33, 138) l'imago al cerchio e come vi s'indova

Anhang 3: Halbkreis mit eingeschriebenem Dreieck (nach Hart 1993: 320)

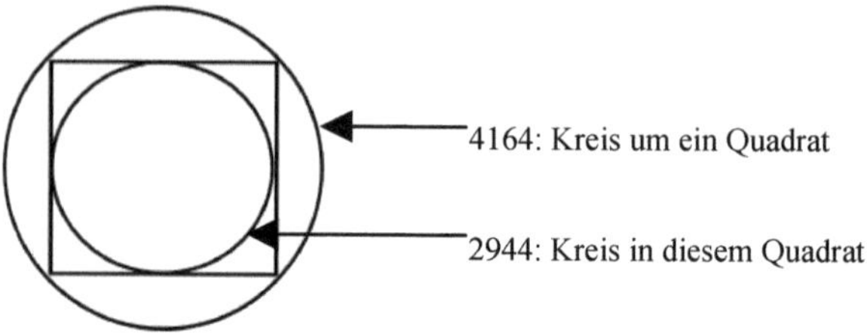

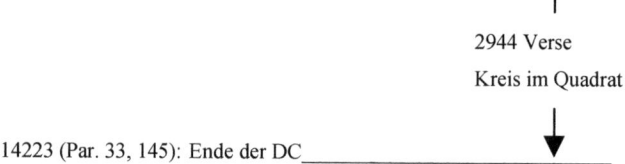

4164: Kreis um ein Quadrat

2944: Kreis in diesem Quadrat

1 (Inf. 1,1):   Beginn der DC

545 (Inf. 4, 131):   vidi `l maestro di color che sanno
546 (Inf. 4, 132):   seder tra filosofica famiglia

566 (Inf. 4, 142):   Euclide Geomatra e Tolomeo_____

4164 Verse
Kreis um ein Quadrat

4720 (Inf. 34, 139):   Ende des Inferno_____

11289 (Par. 13, 101): o se del mezzo cerchio far si puote_____
11290 (Par. 13, 102): triangol si ch'un retto non avesse

2944 Verse

Kreis im Quadrat

14223 (Par. 33, 145): Ende der DC_____

Anhang 4: Verhältnis zwischen dem Radius eines in einem Quadrat eingeschriebenen Kreises zum Radius eines das Quadrat umgebenden Kreises (nach Hart 1993: 321)